KB242346

남사고(南師古)의
마지막 예언

저자 **석정 박순용**

수도와 명상 수행을 하며, 인간을 완성하는 큰 원리를 전하기 위
해 명상센터 설립을 추진 중이다. 현재는 석정 기(氣)연구소를
통해 지기 감별로 쾌적한 생활 환경을 만드는 데 주력하고 있다.

남사고의 마지막 예언

1판 1쇄 발행일 ｜ 1996년 7월 1일
1판 5쇄 발행일 ｜ 2016년 3월 16일

발행처 ｜ 삼한출판사
발행인 ｜ 김충호
지은이 ｜ 박순용

신고년월일 ｜ 1975년 10월 18일
신고번호 ｜ 제305-1975-000001호

411-776 경기도 고양시 일산서구 고양대로 724-17호
(304동 2001호)

대표전화 (031) 921-0441
팩시밀리 (031) 925-2647

ISBN 978-89-7460-043-3 03140

남사고(南師古)의 마지막 예언

박순용 지음

삼한

머리말

필자는 1962년 강원도 정선에서 태어났다. 평범한 소년시절을 보내고 강원대학교 관광경영학과를 졸업했다.

대학시절 「천국의 이방인」이라는 그룹을 조직하여, 1982년 제3회 강변가요제에서 「태양의 예언」으로 대상을 받아 음악활동을 시작했다. 그 이후 평범한 사회인으로, 연주인으로 생활했으나 「삶의 존재가치」에 대한 강한 의문을 품게 되어 사주학(四柱學)을 독학으로 연구하기 시작했다.

사주학(四柱學)을 연구하면서 접하게 된 것이 〈격암유록〉이며 이때부터 그것에 대해 깊이 연구하기 시작했다. 부끄러운 애기지만 〈격암유록〉을 10년동안 연구하면서도 진정한 뜻을 알기가 어려웠다.

10종 이상 출간된 〈격암유록〉 번역서를 모두 수집하여 연구해 보아도 정리가 되지않고 혼란만 가중되었다. 그러던 중 1990년 고명하신 분을 만나 선도수련을 하면서 〈격암유록〉에 대한 의문들이 차츰 풀려가기 시작했다.

그와 동시에 〈격암유록〉을 세상에 바르게 알려야겠다는 큰 사명감이 다가왔다. 현재 선도수련을 6년째 하고 있고, 수련을 통하여

〈격암유록〉의 검증을 거쳤다.

미리 압축하여 말하자면 〈격암유록〉은 섭리가 우리 민족에게 준 위대한 복음서며 선물이며 꿈이며 인류의 희망이다. 감히 말하건데 필자는 〈격암유록〉의 모든 부분을 통찰하였고, 이 예언서가 전하고자 하는 바를 주제별로 정리하여 문답식으로 설명했다.

이 책을 집필하는 동안 강력한 하늘의 기운이 내려왔고, 그 기운은 이 책에 그대로 실려 독자들에게 전달 될 것이다. 이 책을 21세기의 성경이라 주저없이 말하고 싶지만, 이 엄청난 정보들이 세상 사람들에게 받아들여질 수 있을지 걱정이 되기도 한다. 이 책으로 〈격암유록〉에 대한 논란은 끝나기를 바란다.

〈격암유록〉에 관한한 최선을 다했기에 하늘을 우러러 부끄러움이 없다. 그리고 확언하건데 이 이상의 정보는 없다. 이 책과 인연이 있는 독자들은 부디 먹고, 소화하여 섭리의 삶을 선택하길 바란다.

차 례

〈격암유록〉 보고서

1. 번역에 사용된 〈격암유록〉의 원문은 1944년 6월 1일 충남 서산군 지곡면 도성리에 사는 이도은 선생이 필사한 것이다. 국립중앙도서관 고서목록 1496-4호로 소장되어 있으며, 원문은 발견되지 않았다. 남사고 선생은 조선조 명종 때 천문, 지리, 역수 등을 관장하던 관상감 소속의 종6품 벼슬인 천문학 교수를 지냈다. 소년시절 신인(神人)을 만나 비결을 전수받아 후세에 전했다.

2. 〈격암유록〉에 대해 언급한 책과 매스컴
   -- 역학자 윤태현 사주소설 〈八字〉에서 언급(전 3권)
   -- 역학자 신유승 〈격암유록〉 전문해석(전 3권)
   -- 역학자 김은태〈정도령〉에 전문해석(전 3권)
   -- 정다운 스님 〈정감록 해석〉(전 4권)에서 부록으로
      원문 게재
   -- 정철모 〈영(靈)〉에서 언급
   -- 김홍수 〈환림도 삼풍〉에서 전문 해석
   -- 소설가 김수용 〈소설 격암유록〉 펴냄 (전 3권)

-- 최동환 〈천부경의 예언론〉에서 언급

-- 유경환 〈한국 예언문학의 신화적 해석〉에서 언급

-- 강덕영 〈격암유록〉 전문 해석

-- 김하원 〈위대한 가짜 예언서 격암유록〉에서 언급

-- 진양 〈격암유록의 올바른 풀이(Ⅰ)〉

-- 유인학〈성자들의 예언〉에서 언급

-- 이광구 〈소설 아! 대한민국〉에서 언급

-- 1995년 9월 MBC PD수첩에서 사상유례없는
   심층취재(45분)

-- 1995년 SBS 예언의 세계에서 〈격암유록〉을
   방영한다고 신문에 보도하였지만 방영 때에는 삭제

-- 현재 일본에서 〈격암유록〉 번역서 100만부 팔림

-- 각종 잡지와 매체에서 다수 언급

제1장.
〈격암유록〉에 기록된
지나온 예언

인류의 긴 역사를 통해 예언의 메시지를 기록한 책은 많다. 대표적인 것들을 나열해 보면 성경, 불경, 노스트라 다무스의 〈모든 세기〉, 에디가 케이시의 〈예언집〉, 파티마 제3의 비밀, 성자 말라카이의 예언, 피라미드의 비밀, 고든 마이클 스켈레온의 환영적 예지, 지적(智的) 예언자 루스 몽고메리의 예언, 프랑스의 점성가 태양부인의 예언, 탄허스님의 예언, 김일부 선생의 정역론, 소강철의 우주력 메시지, 조선시대 학자 이서구의 비결서, 정북창 선생의 예언서, 토정 이지함 선생의 예언집, 성모마리아의 예언, 신교총화를 남기신 자하선인(紫霞仙人)의 예언, 설총의 예언, 주장춘의 메시지, 동학교조 최수운의 말씀, 강증산 선생의 대순전경 등의 수많은 예언집과 인도의 성자들, 티벳의 성자들, 인디언 예언자들, 히말라야의 성자들, 중국의 선인들, 한단시대의 도인들, 가장 믿을 만한 메시지를 전해주는 플레이아데스 성단에서 온 우주여인 셈야제의 메시지를 비롯 UFO를 타고 온 우주인들의 메시지, 영매를 통해 영계(靈界)의 메시지를 전해 주는 〈실버비치의 영언집〉 등 수많은 정보들이 세기말적인 예언과 종말적인 메시지를 전해 준다.

위에 나열된 예언과 메시지는 하나같이 가공하리만큼 섬뜩하고, 현실에 처해진 상황을 불을 보는 듯하다. 그리고 지구는 빠르게 위의 예언집들의 상황대로 돌진하고 있다. 또한 근래에 많은 연구가들이 정리하여 세상에 내놓은 수많은 지구촌의 문제들을 나열한 정보들도 하루가 멀다하고 쏟아져 나와, 정보를 접하는 독자들을 경악하게 하며 심란하게 한다.

필자는 이러한 모든 정보와 자료들을 접하면서 하나같이 현상은 파악하고 문제도 제시했지만, 대안을 제시한 정보는 없다는 것을 알았다.

위의 예언서들과 메시지들은 포괄적이며 추상적이어서 기자들과 연구가들은 단지 정보를 수집한 것에 지나지 않았다.

〈격암유록〉을 번역한 연구가들도 처음에는 그럴듯하게 전개해 가지만 모두 결정적인 결론은 내리지 못했다. 필자는 그동안 수많은 예언집, 메시지, 보고서를 접했지만 〈격암유록〉처럼 뛰어난 예언서를 보지 못했고, 〈격암유록〉처럼 구체적이고 실질적인 대안과 비전을 제시한 것도 보지 못했다. 다른 예언들과는 달리 〈격암유록〉은 매우 구체적이고 현실적이며, 어떤 부분도 손을 댈수 없을 만큼 완벽하고 정확하기 때문에 놀라울 뿐이다.

질 문

〈격암유록〉에 어떤 내용들이 들어 있습니까?

석 정

임진왜란, 병자호란, 일제침략, 한일합방, 6.25전쟁, 자유당 정권, 4.19의거, 5.16혁명, 그리고 군사정권으로 이어지는 한국의 근대사를 예언했고, 물질만능인 황금만능주의가 세상을 지배하는 세상이 오고, 통일이 이루어지는 것을 예언했으며, 새로운 정신혁명으로 의식이 고도로 진화된 인류가 새로운 차원의 진화된 문명세계를 이룬다는 내용 등이 들어있습니다.

질 문

10명 이상의 연구가들이 해석하여 책을 낸 것으로 알고있는데, 그 이상 알려야할 내용이 있습니까?

석 정

기존의 번역 또는 해석된 책을 접해 봤습니다만, 남사고(南師古) 선생을 통하여 내려온 예언서가 바르게 알려지지 않았다는 것을 인식하고 이 책을 선보이게 되었습니다. 핵심을 파악하지 못했다고 할까요. 저도 10년 이상 연구를 해보았지만 핵심을 알기에는 너무나 어려웠습니다.

그래서 1990년부터 선도(仙道)와 명상수련을 하면서 6년 가까이 되었을 때, 비로서 이 예언서가 후세에 전하고자 하는 핵심을 알아낼 수 있었습니다. 지식으로 풀은 것이 아니라 몸으로 체득했다고나 할까요.

질 문

근래에 〈격암유록〉이 450년 전에 쓰여진 것이 아니라 근래에 쓰여진 예언서라는 논란이 있고, MBC PD수첩에서도 방영이 되었는데 어떻게 생각하십니까?

석 정

원본이 분실되고 필사본이라는 논쟁같은데...

저의 견해도 원본이 필사본으로 옮겨지면서 개인이나 어떤 집단이 자신들의 이익을 위해서 새로운 부분을 첨부하고 조금은 왜곡시킬 수도 있었다는 생각이 듭니다.

그러나 〈격암유록〉을 전체적으로 통찰해 보고 수도(修道)를 통해서 검증한 결과, 〈격암유록〉은 작가나 PD, 이론가들이 접근할 수 있는 예언서가 아닙니다. 알 수 있는 혜안(慧眼)이 열려야 보이는 예언서라고 할까요.

그래서 정말 고명한 인사와 수행자의 검증을 통하여 분석해서 기획한 뒤 방영했었으면 좋았을텐데, 너무 경솔했다는 생각이 듭니다.

물론 그러한 종류의 책을 쓴 사람이나 작가, PD들도 나름대로의 사명감을 가지고 했다고는 생각합니다. 〈격암유록〉이 일부 종교단체나 수행단체에 이용되어 우리 사회의 건강에 나쁜 영향을 미칠 것이라는 우려에서 나온 행위라고 생각됩니다.

그러나 그와 같은 행위때문에 섭리가 우리 민족에게 준 위대한 복음서이며, 꿈이며, 선물이며, 인류의 희망인 예언서에 흠집을 내고 사람들에게 잘못된 정보를 제공한다면, 잘못은 큰 것이며 책임 또한 면하기 어려운 것이죠.

영향력이 없는 사람이 어리석으면 그 영향이 작지만, 영향력이 있는 사람이나 단체가 어리석으면 많은 사람을 어리석게 만드는 법이니까요.

질 문

영향력이 있는 사람이나 단체의 바른통찰과 기준은 매우 중요하군요. 남사고(南師古) 예언서에 기록된 지나온 예언에 대한 부분을 설명해 주시지요.

석 정

임진왜란에 대한 설명으로 〈격암유록〉 은비가에 다음과 같은 내용이 나옵니다.

나를 죽이는 자가 누구인가? 왜(倭)이다.

사람들은 그것을 모르는구나. 병란이 그 속에 있다.

나를 살리는 자 누구인가? 소나무다.

소나무 아래 머물러라. 깊은 골짜기가 좋구나.

(殺我者誰 女人戴禾 人不知 兵在其中 活我者誰

十八加公 宋下止 深谷)

※ 원문의 여인대화(女人戴禾)에서 여, 인, 화(女, 人, 禾)를 합하면 왜(倭)가 되고, 원문의 18가공(十八加公)은 십팔(十八)에 공(公)을 더하면 송(松)이 됩니다.

이 예언은 임진년에 왜구가 쳐들어와 많은 사람이 죽으리라는 것을 암시한 것입니다. . 임진왜란 때 피난처는 소나무 송(松)자를 가진 명나라 장수 이여송(李如松)이 도와주고, 깊은 심산유곡으로 피하면 몸을 보존할 수 있다는 내용입니다.

병자호란을 설명한 부분으로는 〈격암유록〉 은비가에 다음과 같은 내용이 있습니다.

나를 죽이는 것이 누구인가? 눈(雪)이다.

하늘(날씨)을 모르니 병란이 그 속에 있구나.

나를 살리는 것이 누구인가? 집이다.

집을 나서지 마라. 대들보 아래 머물러라.

(殺我者誰 雨下橫山 天不知 裏在其中 活我者誰

豕上加冠 哥下止 樑底)

※ 원문의 비우(雨)자 밑에 뫼산(山)자를 가로놓으면 눈설(雪)자가 되고, 돼지시(豕) 위에 관을 씌우면 집가(家)자가 됩니다.

이 예언처럼 청나라 군사들은 겨울에 쳐들어 왔는데, 날씨가 몹시 추워 피난을 떠난 사람들은 오히려 많이 죽고, 집에 가만히 있었던 사람들은 큰 피해가 없다는 내용입니다.

이씨왕조의 운세에 관한 내용으로 〈격암유록〉 말초가에 다음과 같은 내용이 있습니다.

임신년에 시작하여 을사년까지이다.
오백년 운이니 스물여덟 임금이다.
융희 4년 7월 오얏나무꽃이 땅에 떨어진다.
경술년(1910) 매미우는 때라.
(太神歲 壬申乙巳逮 五百而七四末 隆四七月 李花絡 白狗身 蟬鳴時)

※ 이성계가 왕위에 오른 해는 1392년 임신(壬申)년이며, 을사(乙巳)년은 보호조약이 체결되어 실권을 잃은 해입니다. 사칠은 28, 스물여덟 임금으로 이씨왕조의 운세가 사라지고 경술국치를 맞는다는 내용입니다.

　일본패망과 해방에 관한 내용으로 〈격암유록〉 말초가에 다음과 같은 내용이 있습니다.

을유년(1945)에 일본이 망하니
왜인들이 낙망하여 제나라로 돌아간다.
경술년(1910)부터 36년이 되는 해에
푸른닭이 기쁨에 겨워 울리라.
(靑鷄一聲 半田落 委人歸根落望故 白拘六六靑鷄喜聲)

　※ 청계(靑鷄)는 육십갑자로 을유(乙酉)년을 나타내며, 백구(白拘)는 경술(庚戌)년을 의미합니다. 1945년 민족해방과 일제패망이 이루어진다는 내용입니다.

　남북분단과 6.25전쟁에 관한 내용으로는 〈격암유록〉 말운론에 다음과 같은 내용이 있습니다.

나라가 분열할 때는 언제인가?
세마리의 닭이 차례로 우니, 을유년(1945년)이다.
환란이 처음 일어나는 시기는 언제인가?
계사년(1953년)이 오기 전에 3년이라.
(一國分裂何年時 三鳥次鳴靑鷄之年也 患亂初發問於何時 玄蛇前三)

※ 청계(靑鷄)는 육십갑자로 을유(乙酉)년을, 현사(玄蛇)는 계사(癸巳)년을 의미합니다. 1945년 국론의 분열이 일어나고, 1950년 6.25전쟁이 일어난다는 내용입니다.

6.25전쟁시 피난지와 휴전에 관한 내용으로 〈격암유록〉 말초가와 말운론에 다음과 같은 내용이 있습니다.

부산이 안심하고 지낼 땅이니 난리가 침범치 못하리.
전쟁은 언제 끝나는가?
진사년(1952)에 의논해 계사년(1953) 7월에 끝나리라.
(入金山下安心地 虛患不犯 淳戰何時 龍蛇相論 黃羊用事之月)

※ 팔금(八金)을 합치면 부(釜)가 되며, 용사(龍蛇)는 육십갑자로 진사(辰巳)이며 황양(黃羊)은 기미(己未)를 뜻합니다. 부산은 공산군이 침범하지 못하며, 휴전은 1953년 7월에 이루어진다는 내용입니다.

자유당 정권에 관한 내용은 〈격암유록〉 말운론과 말초가에 다음과 같이 기록되어 있습니다.

이씨왕조가 어느 해에 다시 일어서는가?
무자년(1948년)에 정권을 잡는다.

새로 득세한 이씨정권이 12년을 간다.
원성이 자자하니 백성들이 어찌 살리.
(李花更發 何之年 黃鼠之 攝政也 新增李氏十二年 流水聲中人何生)

※ 황서(黃鼠)는 무자(戊子)년을 의미합니다.
이씨왕가의 후손인 이승만은 12년간 정권을 잡고, 4. 19의거
에 의해 실권한다는 내용입니다

5·16혁명과 군사정권에 관한 설명으로 〈격암유록〉 말중운에
다음과 같은 내용이 있습니다.

삼군이 들고 일어나니 성 안에서 도적을 만난 격이로다.
군사정권이 잘못하여 어려움이 오는구나.
백성의 입에 재갈을 물리니
입이 화를 부르는 문(門)이며 몸을 해치는 도끼로다.
(三軍烽火 城遇賊 軍政錯難 中口鉗制 口是禍門 滅身斧)

※ 정권을 잡은 군부는 철권정치를 하며 독재정치에 비판을
하는 사람과 단체는 탄압을 받는다는 내용입니다.

군사정권의 말로에 관한 내용으로는 〈격암유록〉 말중운에 다
음과 같은 내용이 있습니다.

말세에 나와 세상을 다스리는 사람들아!

정정당당하라.

아차 잘못하여 실법하면 패가망신 하리라.

(末世出人 攝政君 堂堂正正 잃지 마소 阿差 한번 失法하면 自身滅亡

敗家로세)

제2장. 타락한 세상

물질문명의 극성, 삶의 존재가치 부재, 도덕성 상실에 따른 권위상실, 권위의 상실에 따른 교육부재로 말미암아 세상은 점점 이기적이고 살벌하게 변해가고 있다.

종교의 세속화와 기복적인 신앙, 정신세계의 가치관 부재에 따른 문제는 점점 심각해져서 여러가지의 문제를 야기시키고 있다.

그리고 지구는 공해, 기아, 이름없는 질병, 국지전, 마약, 오존층 파괴, 수질악화 등 수많은 문제가 해결점 없이 반복되고 있지만 인류는 이러한 모든 상황에 무감각해진 듯하다.

이러한 문제는 도덕성의 타락에서 말미암은 것이다. 도덕성의 타락은 정신세계의 부재와 삶의 존재가치를 정립하지 못함에 기인한다.

수많은 선지자들이 이러한 문제를 해결하고자 했으나 해결하지 못했고, 인간성은 날이 갈수록 황폐해져 사람들은 점점 이

기적으로 변해가며, 그것은 점차 확대되어 가족 이기주의, 지역 이기주의, 국가 이기주의, 대륙 이기주의, 인종 이기주의, 종교 이기주의로 발전하여 이제는 수습할 수 없을 정도로 사태가 악화되어 있다.

개인과 가족, 지역, 국가, 대륙, 인종, 종교들도 각자의 이익에 따라 동지가 되기도 하고 적이 되기도 하며, 필요에 따라 뭉쳤다가 헤어지기도 하는 역사가 수천년 동안 이어져 왔으며, 이기심의 역사는 극에 달해 이제는 한치 앞도 예상할 수 없을 정도의 상황에 까지 다다랐다.

왜냐하면 극도의 과학발달 때문이다. 이제는 범죄단체에서 핵을 보유할 날도 머지않았다고 본다. 따라서 어떤 국가, 단체, 심지어는 한 개인의 선택에 의해 지구는 돌이킬 수 없는 상황으로까지 가게 될 지경에 이르렀다.

많은 선지자들이 20세기 후반의 이러한 상황을 경고했다. 이 시대는 인간성 상실에 따른 도덕성의 타락, 물질만능의 극성, 이기심과 육체에 바탕을 둔 욕망의 문화가 지배한다는 것이다.

질 문

〈격암유록〉에 기록된 타락한 세상에 대한 설명을 해주시지요.

석 정

〈격암유록〉 가사총론에 다음과 같은 내용이 있습니다.

말세를 당하여 사람들은 어리석고 눈이 어두어
장님같이 흐리멍텅하며 나라의 흥망성쇠는 관심이 없고,
부자(父子)가 서로 다투고 부부가 이혼하며
정부를 두고 과부가 생산되며,
음란한 바람이 불어 남편있는 아내가
지아비를 배신하니 말세로다.
(末世愚盲姦고矇龍 視國興亡如草芥로 父子爭財夫妻離婚
情夫視射寡婦生産 淫風大行有夫之妻背夫라니 末世로다)

※ 현재의 사회에 만연된 도덕성의 타락과 황금만능의 사조
를 개탄하는 내용입니다.

질 문

도덕성의 확립이나 가치관의 부재로 인해 욕망으로 살아가는
사람에 대한 부분도 있습니까?

석 정

있습니다. 〈격암유록〉 조소가에 다음과 같이 설명했습니다.

잡기를 끊고 욕망을 끊으면 재미없다는
풀이슬같은 인생들 가련하구나.
좋은 세월이 지금인데 기생집을 떠나지 않고,
어제 인생 오늘 죽고 오늘 인생 내일 죽는다며

사는 인생들 가련하구나.

(絶嗜禁慾无 慈味 草露人生可憐　好游歲月此今世 酒肆廳樓不離

作日人生今日死 今日人生來日死)

※ 특별한 가치관이나 철학이 없이 욕망을 추구하며 사는 사람들을 개탄하는 내용입니다.

제3장. 종교 이기주의

인간성 회복과 영혼의 구원, 올바른 삶의 기준을 전하려고 지구촌에 수많은 선지자들이 다녀갔다.

대표적인 선지자는 예수로 사랑을 말씀하시면서 지상천국을 건설하며 하늘의 역사를 땅에 이루려 했고, 부처는 자비를 말씀하시면서 불국정토를 건설하려 했고, 공자는 인(仁)을 말씀하시며 사해동포, 용화세계를 제시하셨고, 우리민족의 조상이신 단군은 홍익인간, 이화세계를 말씀하셨다. 지구촌을 다녀간 모든 성인(聖人)들은 한결같이 인간성 회복, 순수의식을 통하여 전체완성의 세계를 말씀하시고는 떠나가셨다.

그러나 지금의 현실은 어떠한가? 성인(聖人)들이 말씀하신 순수의식과 인류애는 없어지고, 개인과 국가의 이기심에 기준을 두고 신앙행위가 이루어지고 있지 않은가?

개인의 양심회복을 통한 순수의식과 인류애를 떠난 신앙행위는 내세의 이기적인 욕망에 접합되어, 작게는 가족 구성원간의 종교적인 불화로 시작하여 종교와 종교가 불화하고, 서로가 이단이라 적대시 하며 크게는 민족과 민족이 종교 이기주의에 빠져 있다.

그 한 예로서 중동에서는 알라와 여호와의 싸움이 되어 서로 미사일을 날리고 있다. 알라와 여호와가 자기를 위해서 미사일을 날리라고 했겠는가?

사람들의 잘못된 신앙은 이기심과 욕망에 휩싸여 진정한 자신의 양심과 본성을 가리는 지경에까지 왔다. 모든 선지자와 성인(聖人)들이 말씀한 것이 순수의식과 인류애라는 것을 망각한 채...

질 문
현대종교와 신앙인의 문제점을 무엇이라고 보십니까?

석 정
그것은 인간의 순수의식과 양심에 기준을 둔 신앙이 아니라, 이기심을 만족시키는 신앙행위인데, 그것을 조장하는 단체에 문제가 있다고 생각합니다.

순수의식의 회복을 통한 조화로운 인간관계의 회복이 아니라 기복, 구원, 영생, 천국에 기준을 두고 행하는 신앙행위는 극히 이기적이고 편협한 사람과 단체를 양산하게 됩니다.

그래서 자기가 행하는 종교와 종파만이 최고의 선(善)이고, 다른 종교나 정신수련은 연구나 분석없이 무조건 배타하는 것입니다.

왜냐하면 자기가 신앙하는 것을 믿으면 천국에 가고, 극락에 가고, 영생하고, 구원받는다는 기준을 잃어 버리기가 싫기때문입니다. 신앙인은 많아지는데 신앙인이 많은 이 세상은 점점 더 이기적이고 삭막하게 향기를 잃어가고 있습니다. 집단적으로 이기주의가 되어가는 것이지요.

질 문
종교 이기주의를 〈격암유록〉은 어떻게 기록했습니까?

석 정
〈격암유록〉 가사요에 다음과 같은 내용이 있습니다.

조선의 말운에 어리석은 사람들은
선조의 덕에 공부는 하였으나
유교정신과 마음이 일치하지 않으니
사서삼경을 잘못 읽고 배웠구나.
(魚羊之末에 愚昧之人 先祖之德 學習文字 儒道精神心不離於
四書三經誤讀誤習)

※ 본문의 魚+羊은 선(鮮)이 됩니다.
　위의 내용은 유교에 대한 개탄입니다.

〈격암유록〉 가사총론에 다음과 같은 내용이 있습니다.

아미타불을 외는 불도인들
팔만대장경을 공부하여 극락간다는 말은
참 좋으나 가는 길이 희미하고
기독교에 입교하여 천당간다는 사람들
천당간다는 말은 참 좋으나
구만리 장천이라 일평생엔 다 못가고
노래를 부르고 시조를 읊는 선비들
삼강오륜이 인간이 지켜야 할 바른 도이긴 하지만
오히려 거만하고 방자하여 시기와 질투
음탕과 간사함과 정욕에 물들어 있도다.
(阿彌陀佛佛道人들　八萬經卷工夫하야 極樂간단말은하나,
　가난길이 稀微하고 西學入道天堂人들 天堂말은 참조으나
　九萬辰天멀고머니,　一平生엔 다못가고, 映歌時調儒士들은
　五倫三綱正人道나 倨慢放恣猜忌嫉妬 陰邪情欲音일너라)

※ 불교, 기독교, 유교에 대해서 개탄하는 내용입니다.

〈격암유록〉 정각가에는 다음과 같은 내용이 있습니다.

외국 중에 자기 나라만이 선택받고

자기만이 하늘의 신임을 받는다고 하나
큰 복을 못받으며
우리나라 동학의 부류에서도 주문을 외며
글없이 도통한다 주장하나
생사의 이치를 깨닫지 못하고
원을 푸는 이치도 모르니 소용없는 일이라.
깨닫는 것은 없고 세상만 어지럽히도다.
(海外信天先定人 唯我獨尊信天任 降大福不受 我方東道呪文者
無文道通主唱 生死之理不覺 不知解冤無用)

※ 외국 중에 선택을 받았다고 하는 나라는 이스라엘을 의미하며, 민족종교 중에 주문을 외는 수련을 하는 단체에 대한 내용입니다.

〈격암유록〉 가사총론에 산 속에 들어가 수련하는 사람들에 대한 내용도 있습니다.

입산하여 염불하며 수도하는 분들아!
미륵세존을 고대하지만
석가의 운은 한번 가고 오지 않으며
산 속에 들어가 도를 추구하는 사람들아!
산 속 재미가 한가하고 고요하나

도깨비 범 도적이 날뛰니

이 또한 완성지가 산 속에 있지 않음일세.

(入山修道念佛님네 彌勒世尊苦待치만

釋迦之運去不來로 한번가고 아니오니

萬疊山中他仙들아 山中滋味閑寂하나

鬼魑魅鬼魍 鬼雨虎粮盜賊 是亦弓不在山일세)

제4장.
우주에서 지구의 위치
— 원리

수많은 선지자와 성인(聖人)들이 순수의식과 인류애를 말씀하셨지만 왜 이루어지지 않는가?

개인의 완성과 전체완성을 통해서 이상적인 세계로 이끌어가려고 했지만 왜 실패했는가? 그것을 원리적인 측면에서 접근해 보고자 한다.

우주! 그것은 상상할 수 없을 정도로 오묘한 것이다. 기껏해야 지구과학과 천문학 수준으로 우리가 살고있는 은하계가 10의 10승(昇)개 이상이라는 것을 추측하고 있을 뿐이며, 현재까지 우주자체를 설명한다는 것은 인간의 능력으로는 불가능한 것처럼 느껴진다.

그래서 은하계를 중심으로 원리에 접근하고자 하며 지구를 다녀간 어떤 성인(聖人)이나 역리학자도 그 이상은 언급하지 않았다.

우리가 살고 있는 지구는 자전하면서 태양을 향해 공전하고 있고, 다른 몇몇의 별들과 함께 태양계에 속해 있다. 태양계는 북극성을 향하여 공전하는데, 황도12궁을 따라 회전한다.

은하계의 중심은 북극성인데, 그 곳을 중심으로 별의 구분이 생겨 지구는 음양오행(陰陽五行)의 법칙으로 원리를 이루어 적용받는다.

북두칠성(탐낭, 거문, 녹전, 문곡, 염정, 무곡, 파군)의 기운으로 토(土)의 기운이 형성되고, 남쪽의 일곱개의 중요한 별(정, 귀, 유, 성, 장, 익, 진)들이 화국(火局)을 이루면서 화(火)의 기운을 형성하고, 북쪽의 일곱개의 중요한 별(두, 우, 녀, 허, 위, 실, 벽)들은 수국(水局)을 이루어 수(水)의 기운을 형성하며, 동쪽의 일곱개의 별(각, 항, 저, 방, 심, 미, 기)들은 목국(木局)을 이루며 목(木)의 기운을 형성하고, 서쪽의 중요한 일곱개의 별(규, 루, 위, 묘, 필, 자, 삼)들은 금국(金局)을 이루며 금(金)의 기운을 형성하고 있다.

그래서 은하계는 북극성을 중심으로 이루어진 첫번째 사이클인 자미원(紫微垣), 28숙(宿)의 안으로 이루어진 두번째 사이클인 태미원(太微垣), 28숙(宿)의 밖으로 이루어진 세번째 사이클인 천시원(天市垣)으로 이루어져 있다.

그림으로 표현하면 다음과 같다. (그림 41)

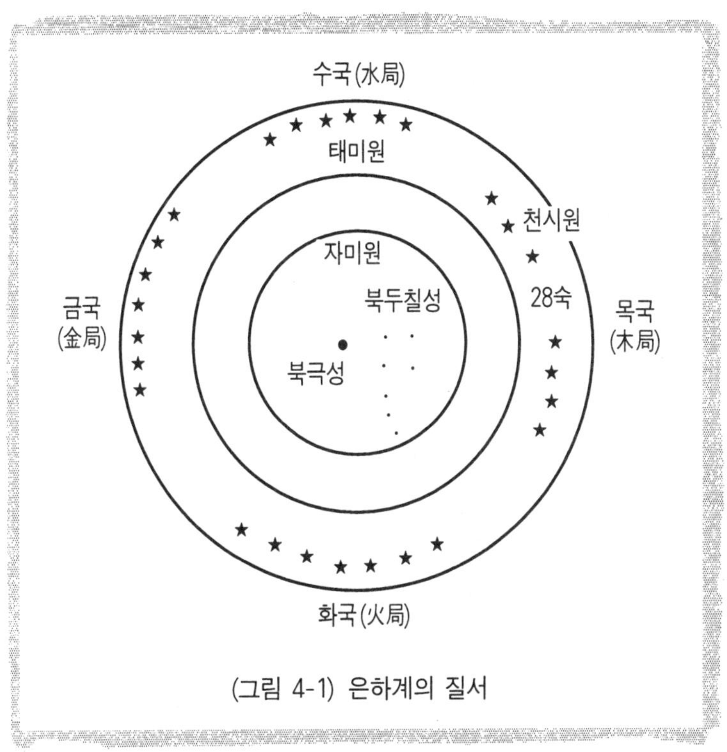

(그림 4-1) 은하계의 질서

    지구는 은하계 별들의 에너지 작용에 의하여 원리와 법칙과 질서가 생기고, 에너지의 작용에 의하여 길흉화복, 흥망성쇠의 사이클이 이루어지고 있다. 에너지의 작용을 학문화한 것이 음양오행학(陰陽五行學)이며, 이것으로 사람의 운명을 추론하는 것이 사주학(四柱學)이다. 또한 이 에너지는 지구의 산맥과 땅에 연결되어 있고, 이 연결된 법칙을 연구하여 정립한 것이 풍수지리학(風水地理學)이다.

3원 28숙(3垣 28宿)과 태양계를 입체적으로 도식화하면 다음과 같다. (그림 4-2)

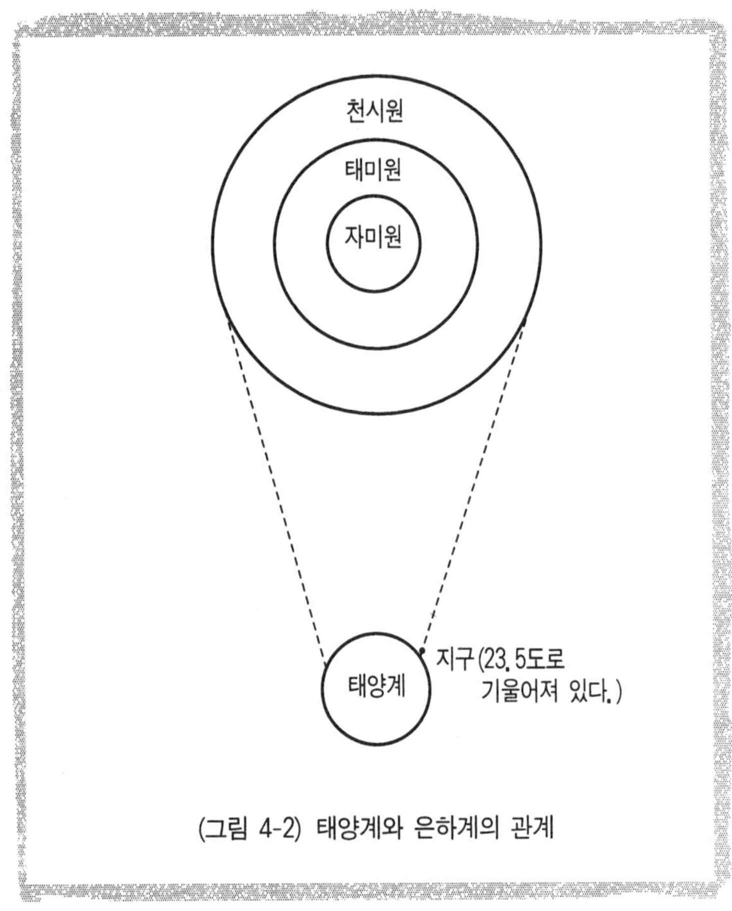

(그림 4-2) 태양계와 은하계의 관계

그림에서와 같이 지구는 23.5로 기울어져 있어서, 은하계의 중심과 바로 연결되어 있지 못하다. 그래서 태양계가 공전할 때 중심에서 오는 에너지를 받지 못한다. 사계절과 밤낮이 생긴 원인도 여기에 있다.

그러므로 이러한 법칙에 적용을 받은 지구는 완전할 수가 없고, 절대적인 가치의 적용이 안되는 별이다.

다시 말하면 상대적인 가치에 의하여 법칙이 이루어진다는 것이다. 모든 인류가 원하는 아름다움, 평화, 순수, 즐거움 등의 절대적인 가치가 있는것이 아니라 전쟁이 있으면 평화가 있고, 아름다움이 있으면 추함이 있고, 즐거움이 있으면 괴로움이 있고, 순수함이 있으면 더러움이 있고, 경찰이 있으면 범죄가 있고, 여당이 있으면 야당이 있고, 기업이 있으면 노조가 있듯 상대적인 법칙으로 이루어지고 있다는 것이다.

그래서 지구에서 행하여지는 모든 법칙은 다음과 같은 사이클을 만든다. (그림 4-3)

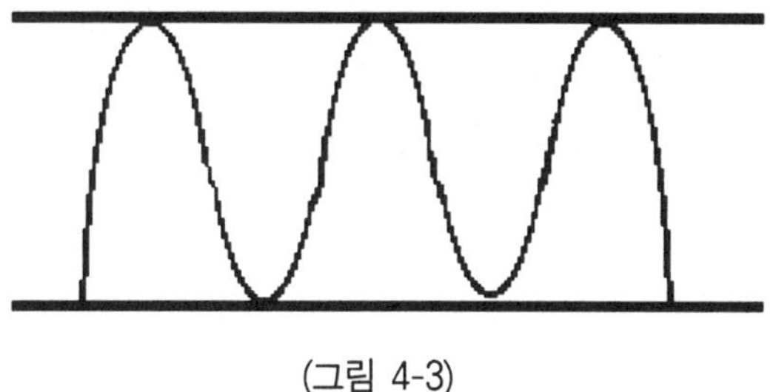

(그림 4-3)

절대적인 것은 없기 때문이다. 경제의 법칙도 호경기, 쇠퇴기, 잠재기, 회복기가 있고 사람의 운명도 길흉화복이 교차하는 것이다. 지구에 사는 사람이면 어느 누구도 이러한 법칙에서 예외일 수 없고, 운명의 법칙으로부터 벗어날 수 없다.

이 법칙에서 벗어나려면 지구에서 다른 곳으로 이동해야 할 것이다. 물론 사람마다 업(業:정보)의 형태에 따라 삶의 수준과 가치의 추구는 다르지만, 큰 법칙에서 벗어나지는 못한다.

도식화 해서 개인과 인류의 삶의 형태에 대해 설명해 보겠다. 개인이나 가족이나 국가나 에너지의 파동에 적용을 받는데, 운이 상승할 때는 좋은 일이 생긴다.

이것을 사주학(四柱學)에서는 흔히 희신(喜神)과 용신(用神)의 운(運)이 온다고 표현한다.

이 때에는 개인이나 단체, 국가의 그릇(크기)에 따라 정도의 차이는 있지만 승진, 결혼, 득남, 성공, 발전, 향상 등 원하는 좋은 일이 생긴다. 조화가 이루어지기 때문이다.

반면에 운이 하강할 때는 나쁜 일이 생긴다. 개인적으로는 온갖 구설, 시비, 이혼, 파탄, 사고, 배신, 감옥, 망신 등의 일이 생기며, 단체와 국가는 혼란과 파산, 퇴보하는 일이 생긴다. 이것을 운명학에서는 기신(忌神)과 구신(仇神)의 운(運)이 온다고 한다.

개개인마다 타고난 그릇의 크기와 사이클(파동)의 폭은 다르다. 그릇도 크고 파동의 폭도 큰 사람이 있다. 이런 경우는 상승기에는 굉장한 발전을 하지만 반대로 떨어질 때는 처참하게 무너진다.

예를 들면 중국의 마지막 황제인 부의는 상승기에는 황제의 자리에 오르지만, 하락기에는 감옥살이를 해야 했다.

다음과 같은 파동을 그린다. (그림 4-4)

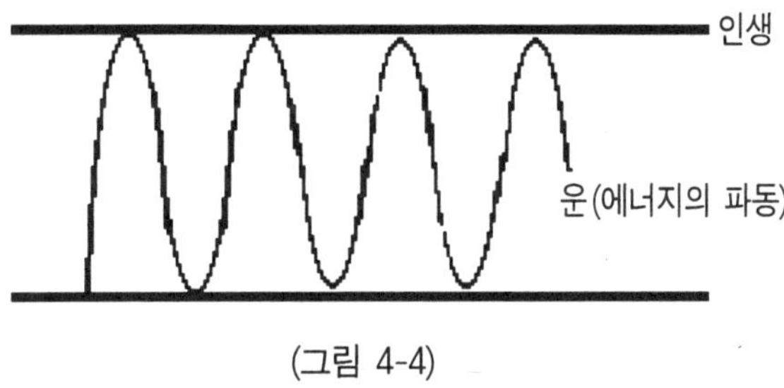

(그림 4-4)

또 어떤 사람은 파동의 법칙에서 벗어나지는 못했지만, 그 사람의 행위(인과)가 훌륭하여 위의 사이클에서 파동을 작게 그리는 사람도 있다. (그림 4-5)

(그림 4-5)

이런 경우는 좋은 부모, 좋은 배경, 좋은 환경, 좋은 배우자, 좋은 친구 등 좋은 영향력이 끊이지 않아 한평생 인생을 즐기며 평탄하게 살아간다. (물론 정신세계와는 별개이다) . 중동지방 왕들의 경우라고 할 수 있겠다.

크게 발복도 없고 불행도 없는 평범한 사이클을 그리는 소시

민적 삶도 있다.

다음과 같은 사이클이 형성된다. (그림 4-6)

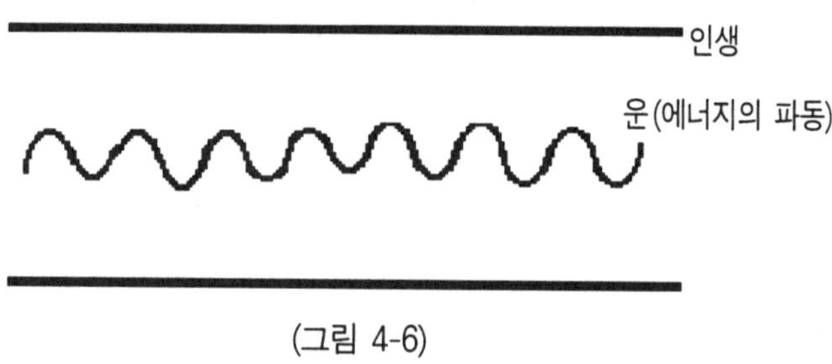

(그림 4-6)

자신이 행한 행위때문에 고통을 받아야 되는 인생의 경우에는 다음과 같은 사이클이 형성된다. (그림 4-7)

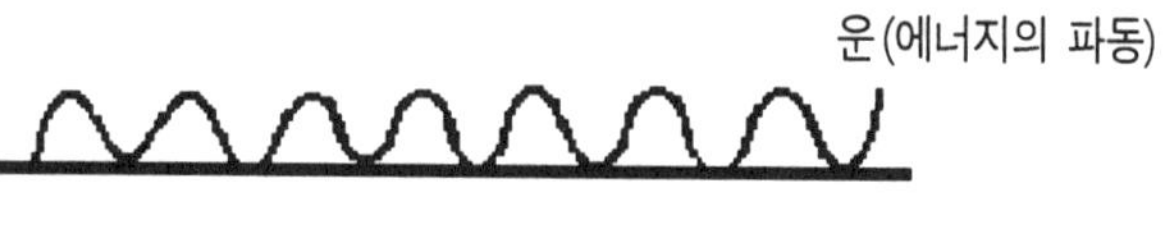

(그림 4-7)

이런 파동을 그리는 사람의 인생은 고단하다. 한평생 되는 일이 없으며, 빈천하고, 병약하고, 인생을 살아갈 기력과 용기가 부족하여 세상을 지옥처럼 살다 간다.

이러한 법칙은 개인 뿐만 아니라 가정, 단체, 국가, 대륙에도 적용된다. 그래서 절대적인 가치가 없다는 것이다. 위의 사이클에서 인생을 즐기는 사람은 어려울 때를 생각해서 막을 치며 기득권을 보호하려고 하고, 밑의 사이클에 있는 사람은 위의 가치를 쟁취하려고 노력한다.

또한 사람은 신성(神性)을 지니고 있기 때문에 이런 법칙과는 상관없이 순수의식(양심)도 발현한다. 그래서 사랑하고, 싸우고, 돕고, 빼앗고, 용서하고, 투쟁하는 등 이러한 일들이 개인과 개인, 가정과 가정, 단체와 단체, 국가와 국가, 대륙과 대륙, 종교와 종교 등으로 연결되면서 우리가 살고 있는 삶이 펼쳐지는 것이다.

그래서 초등학교 때 바른생활을 배우고, 중학교 때 도덕을 배우고, 고등학교 때 윤리를 배우고, 대학교 때 교양을 배우지만 행동할 수 있는 힘이 없다.

4대성인(聖人)과 지구촌을 다녀간 선지자들이 좋은 말씀은 많이 남겼지만, 그것이 행동으로 연결되는 힘이 없어 지금까지 전체완성의 꿈을 이루지 못하고 있는 것이다.

인간은 이성을 바탕으로 하는 법과 도덕이나 여러가지 제도를 통해서 사회를 유지하려고 노력하지만, 항상 불완전함과 혼란스러움만을 느낄 뿐이다. 깨어난 의식을 가진 사람은 지구촌의 혼란과 무질서에 무력감을 느끼고 진리는 묘연한 꿈이 아니냐는 탄식을 하곤 한다.

그러나 일단 법칙을 알고 나면 지구촌은 하나도 고칠 것이 없는, 완벽한 질서에 의해 돌아가고 있다는 것을 알 수 있다.

이러한 질서와 법칙 속에서 이기심과 욕망의 문화는 발전되어 왔고, 그 결과 인구가 무한정 늘고 과학이 발전했기 때문에 지구가 위험한 상황까지 이르게 되었으니 이는 너무도 당연한 일이다.

다시 한번 정리하면 지구는 은하계의 근본자리에서 멀리 떨어져 있는 별이며, 지축이 기울어져 은하계의 근본자리에서 오는 에너지를 받지 못함으로 저급한 오행(五行)의 기(氣)가 형성되어 지금과 같은 삶의 형태가 수천년 동안 지속되어 내려온 것이다.

제5장. 우주의 시간대
― 추수의 시대

지구가 태양을 돌 듯이 태양계는 북극성을 중심으로 공전한다. 한번 공전하는데 걸리는 시간은 약 24,000년이며, 황도 12궁을 거치는데 각 성좌(星座)에서 약 2천년 동안 머무른다.

예수가 태어난 때부터 쌍어궁(물고기 자리)시대가 시작되었고, 서기 2천년대에 들어가면서 보병궁(물병 자리)시대로 돌입하게 된다.

이 때가 되면 지구는 새로운 법칙의 적용을 받게 되며 지축이 서게 된다. 이 시대를 황극(皇極)시대 또는 황금시대라고 지칭하며, 지구는 은하계의 근본자리인 자미원(紫微垣)의 기운과 바로 연결되는 때이기도 하다.

따라서 상대적인 가치관의 시대가 아니라 절대적인 가치를 추구하는 시대가 오며, 선지자들은 이 시기를 신명(神明)시대라고 예견했다.

지구촌의 기상이변과 잦은 지진은 이 시대의 서막을 알리는 것이며, 기(氣)의 문화가 사람들에게 깊게 알려지는 것도 이러한 우주의 시간대에 연유한 것이다. 극이 이동하면서 온갖 천재지변이 발생하며 인류의 시련이 온다고 선지자들은 예견했다.

또한 이 시대를 우주의 시간대로는 가을이라 하고, 모든 것이 열매를 맺고 수많은 생을 살면서 인간완성의 뜻을 가진 사람들이 뜻을 이루어 완성되는 시기로 선지자들은 예견했다.

은하계 별들의 기운이 파장에 의해서 지구의 모든 법칙과 질서가 전개되듯이, 별들의 기운은 지구의 산맥과 연결되어 있고, 땅의 기운과도 연결되어 있다. 천체의 운행과 더불어 지구에는 지기(地氣)의 거대한 흐름이 있다. 이러한 에너지가 축복해주는 나라는 크게 융성하는데, 선천(先天)문명의 태동은 바로 한민족이었다. 신교(神敎)인 신선도(神仙道) 문화를 열어 최고의 문화민족으로 영광을 누렸던 것이 상고사에 기록되어 있다.

에너지의 흐름은 서쪽으로 이동하여 황하와 인더스 문명을 태동시켜, 고대 중국과 인도가 한때 문명국가를 이룬 적이 있었다. 그 후 마케도니아로 넘어가 알렉산더 대왕이 세계를 뒤흔들었으며, 다시 지중해 연안국인 그리이스의 아테네와 스파르타가 패권을 잡다가 로마로 넘어가서 천년의 전성시대를 이루었다.

그 후 세계 3대 발명과 더불어 남부대서양 연안국인 포르투갈과 스페인 무적함대가 지구해상을 누볐으며, 프랑스로 넘어가 나폴레옹이 유럽을 휩쓸고 다녔다.

다시 영국으로 넘어가 해가 지지않는 나라가 되었고 독일의 히틀러가 잠시 주도권을 잡은 후 일부는 러시아로 넘어가고 대부분은 태평양 연안국으로 넘어와 미국이 융성하게 된다.

그리고 이제는 미국에서 일본을 거쳐 한반도에 기운이 넘어오기 시작했다. (그림 5-1)

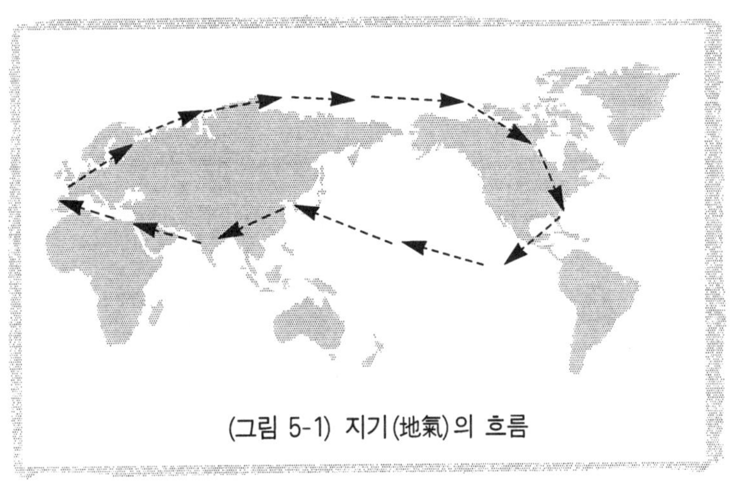

(그림 5-1) 지기(地氣)의 흐름

그래서 우리나라에서 올림픽이 열렸고 땅값이 폭등하고, 선도문화(仙道文化)와 기(氣) 문화가 유행하게 된 것이다.

질 문

우리나라에 거대한 기운이 밀려오고 있다니 흥분되는군요.
언제부터 몰려 왔습니까?

석 정

1988년을 기준으로 강하게 밀려오고 있습니다.

지기(地氣)는 힘을 상징합니다. 우리민족에게 밀려오는 큰
기운을 어떻게 승화하느냐, 그것이 중요한 문제입니다. 일본은
이 기운을 통하여 세계전쟁을 일으켰지만 우리나라는 인류정신
을 지도하는 정신 지도국으로 승화시켜야 합니다. 그것이 우리
가 지켜야 할 섭리입니다.

질 문

우리나라로 강한 기운이 몰려오고 산천이 살아난다고 하셨는
데, 다른나라를 방문해서 기운을 점검해 보셨습니까?

석 정

1995년 7월에 캐나다를 방문해서 기운을 점검했는데, 쉽게
표현하자면 퍼석하다고 할까요. 또 1996년 1월에는 필리핀을
방문해 보았는데 무기력했습니다. 물론 캐나다에도 좋은 기운
이 형성되어 있는 곳이 있습니다. 이런 곳을 십승지(十勝地)라
고 하지요.

그러나 평균적으로 보아 우리나라에 아주 강한 기운이 형성
되어 있습니다. 쫄깃쫄깃한 기운같다고나 할까요.

질 문

십승지(十勝地)라고 하셨는데 설명해 주실 수 있습니까?

석 정

십승지(十勝地)란 고차원의 기운이 형성되어 있는 곳을 말합니다. 이론적으로는 감지할 수 없고, 뇌에 특별한 감각과 기능이 개발된 사람만이 찾아낼 수 있습니다. 자세한 것은 제17장에서 설명합니다.

질 문

우리나라에 강한 기운이 몰려와 산천이 살아나고, 운로가 열리는 부분을 설명해 주시지요.

석 정

먼저 〈격암유록〉 말운론에 다음과 같은 내용이 있습니다.

운은 돌아서 조선은 중원땅 신선국이 되니,

산천과 일월도 기운을 받아

군주의 시조가 나오는 운수로다.

(運回朝鮮中原化 山川日月逢此運　君出始祖回運來)

또한 〈격암유록〉 가사요에 다음과 같은 내용이 있습니다.

금수강산이 금길이요,

추수의 운을 만나

서쪽의 기운이 동쪽으로 보이니

태고이후 처음 맞는 선경이요,

전무후무한 중원국이 되리.

(錦繡江山金街路 西氣同來金運回 太古以後初仙境 前無後無之中原鮮)

〈격암유록〉 말운가에는 다음과 같은 기록이 있습니다.

우리나라 금수강산에 천하의 기운이 돌아오니

유사이래 즐거운 도로다.

조선이 세계 중심의 출발이요 세계만방의 부모국이요,

모든 왕 중의 왕이로다.

(錦繡江山我東方 天下聚氣運回鮮 太古以後初樂道 始發中原槿花鮮

列邦諸民父母國 萬乘天子王之王)

질 문

지구는 완성의 시기에 접어들었고 사람도 완성할 수 있는 시기가 온다는데, 그럼 인간완성이란 성인(聖人)을 의미하는 것입니까?

석 정

그렇습니다. 예수님, 부처님, 공자님과 같은 성인(聖人)들은 인간완성을 이루었다고 할 수 있습니다.

질 문

그러면 인류 모두가 성인(聖人)이 되어야 하는 시기입니까?

석 정

그렇습니다. 성인(聖人)을 믿고 따르는 것이 아니라, 스스로 수행을 통해서 성인(聖人)이 되어야 하는 시기입니다.

질 문

그럼 성인(聖人)이 되지 못한 사람은 새로운 질서에 편입하지 못해 도태하게 되어 있습니까?

석 정

그렇다고 볼 수 있습니다. 지구는 새로운 차원의 질서에 편입하여 진화된 의식의 인류를 요구하고 있습니다. 완성된 민주주의, 완성된 공산주의라고 할까요? 모두가 깨달아야 합니다.

질 문

그것이 가능한 일입니까? 1세기에 성인(聖人)이 한명 나올까 말까 한데요.

석 정

가능합니다. 천기(天氣)와 지기(地氣)를 통하여 선도수련(仙道修練)을 하면 불가능한 일이 아닙니다.

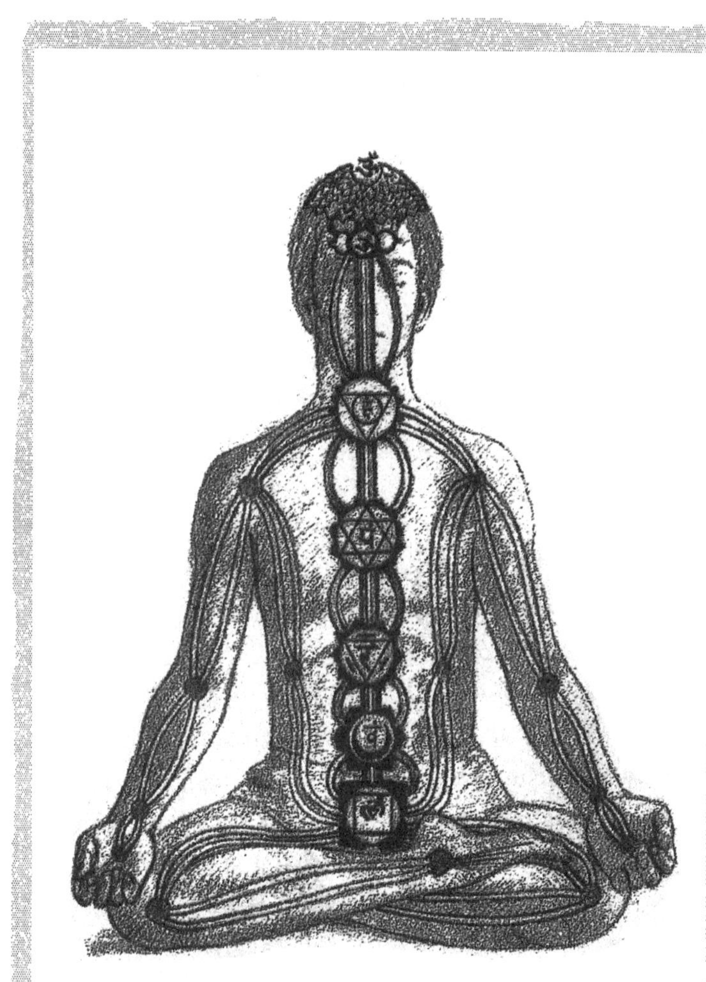

(그림 5-2) 인체의 단전(丹田) 시스템과 에너지 회로

질 문

성인(聖人)이란 구체적으로 어떤 사람을 말합니까?

석 정

인체에 365개의 혈(穴)이 열린 사람을 말합니다. 혈(穴)이란 우주의 에너지와 통하는 통로를 말하는데, 365개의 혈(穴)이 모두 열리면 우주의 법칙과 하나가 됩니다.

따라서 우주와 하나되는 의식으로 살 수 있으며, 자연법칙과 하나가 되지요.

또한 인체의 에너지 중심인 7개의 차크라(丹田)가 완성되고 에너지가 흐르는 12경락과 8맥이 열려야 합니다. 8만4천 기공이 열려서 허공과 하나가 되어야 합니다. (그림 5-2)

이러한 상태에서 원수를 사랑하고 시간과 공간의 개념이 없는 의식을 느낄 수 있지요. 이런 의식에서 예수는 아브라함이 있기 전에도 있었고, 모세가 있기 전에도 있었다고 얘기할 수 있는 것이며, 부처는 천상천하에 유아독존이라고 말할 수 있었습니다.

질 문

365개의 혈(穴)을 열려면 어떻게 해야 합니까?

석 정

고차원의 에너지를 만나야 하며 고명한 분의 지도를 받아야 합니다. 스스로 수련을 통하여 혈(穴)을 여는 것은 굉장히 힘드니까요. 자세한 것은 뒤에서 다시 설명하겠습니다.

제 6장. 인류의 시련

보병궁 시대가 되면서 인류는 새로운 가치관의 시대로 돌입한다. 절대적인 가치관의 시대, 정신문명의 시대, 고도의 정신문명과 병행하는 고차원적인 과학문명의 시대가 온다.

그러나 이 시대를 넘어가기 전에 인류는 스스로 행한 행위에 대하여 책임을 지고 댓가를 지불해야만 한다. 지구에서 발생하는 모든 문제는 인류가 행한 욕망과 이기심의 문화에 기인한 것이기 때문에 책임 또한 인류가 져야 할 문제이다.

이 시대에는 인류가 극복하기 힘든 엄청난 시련이 온다고 모든 선지자들은 공통적으로 예언했다. 상황들은 글로 옮기기 어려울 정도로 참혹하게 표현했다. 전쟁, 기아, 괴질, 지진, 홍수 등의 자연재해와 가치관의 극심한 혼란으로 빚어지는 걷잡을 수 없는 사회혼란을 예견한 것이다.

질 문

새로운 정신문명의 시대가 오기 전에 큰 시련이 온다고 하는
데, 성인(聖人)과 예언자들의 시각이 모두 똑같습니까?

석 정

제가 정신세계의 서적과 종교서적을 다수 섭렵한 수도인(修
道人)의 감각으로도 피할 수가 없는 일인 것 같습니다. 모든
성인(聖人)과 예언자들이 똑같이 한 목소리를 냈습니다.

질 문

그렇다면 어려운 시기는 언제부터 옵니까?

석 정

세기말로 사료됩니다.

질 문

성인(聖人)과 예언자들이 언급한 내용을 알고 싶습니다. 자세
하게 설명해 주십시요.

석 정

좋습니다. 먼저 **부처님이 예언한 내용**입니다.

· 사람의 수명이 100세로 줄어든다. 그것을 백세정명시대(百
　世正命時代)라 한다. 백세정명시대(百世正命時代)에서 9천년
　이 지나면 사람의 수명이 10세가 된다. 10세 때에는 큰 기

겁, 큰 질병겁, 큰 도병겁 등 이른바 삼재(三才)가 일어나며 인종이 거의 다 없어지는데, 10선업(十善業)을 닦은 사람은 목숨이 차차 늘어나서...

· 말법(末法)시대에 들어서면 태양도 달도 빛을 볼 수 없게 되고 별들의 위치도 바뀐다. 흰 무지개가 태양을 꿰뚫을 것같은 불길한 징조가 나타나면, 대지는 진동하고 물은 말라버리고 때아닌 폭풍우가 일어날 것이다.

굶어 죽는 자가 끊이지 않고, 정치가는 어찌할 바를 모르게 될 것이다. 부모와 자식이 서로 다투고 국민들은 위정자와 대립한다.

고약한 병들이 잇달아 번지고 거리 전체가 불에 타서 폐허로 되어 버린다. 사람과 사람이 서로 죽이고, 적국이 침공하여 쳐들어 온다. 사원은 파괴되고 스님은 살해된다.

다음은 **예수님이 예언한 내용**입니다.

· 이 날은 온 지구상에 거하는 모든 사람에게 임하리라. 그 때의 재난은 도저히 말로 다할 수가 없도다. 이런 일은 하느님이 세상에 인간을 내보낸 후로 아직 없었으므로...

· 민족이 민족을 나라가 나라를 대적할 것이고, 곳곳에 기근과 지진이 있으리니 이 모든 것이 재난의 시작이니라. 거짓 선지자가 일어나 많은 사람들을 미혹할 것이며, 불법이 성하므

로 많은 사람의 사랑이 식어지리라.

· 그 때에 유대에 있는 자들은 산으로 도망할지어다. 지붕 위
에 있는 자는 집안에 물건을 가지러 내려가지 말 것이며, 밭
에 있는 자는 겉옷을 가지러 뒤로 돌이키지 말지어다. 그 날
에는 아기를 밴 자와 젖먹이는 자에게 화가 있으리로다.

· 너희는 도망하는 날이 겨울이나 안식일이 되지 않도록 기도
하라.

이는 그때에 큰 환란이 있음이라. 창세로부터 이런 환란이
없었고 후에도 없으리라. 주검이 있는 곳에 독수리가 모일
것이니라.

그날 환란 후에 즉시 해가 어두워지며 달이 빛을 내지 아니
하며, 별들이 하늘에서 떨어지며 하늘의 전능들이 흔들리리
라. 만사는 자연법칙의 결과이니라.

다음은 **자하선인(紫霞仙人(1351~)과 팔공진인(1398~)이 남긴 신
교총화의 예언**입니다.

· 사람마다 하루에 천리를 갈 것이며 집 위에 집이 올라서고
집집마다 약국이며, 곳곳마다 종소리가 울려퍼지고 사는 모
습이 새가 마치 이 가지에서 저 가지로 옮겨가며 사는 것과
같으리라.

공중에서 전쟁하는 지경에 이르러 사람과 가축이 다 함께 멸

하는 그 때 건곤(하늘과 땅) 복명(復明)하리라.

· 소위 수도자(修道者)가 왕왕 다른사람의 재물을 취하기 위해서, 기도하면 화가 복으로 바뀐다 하는 오도(吳道)가 일세를 고동시키고 있다.

우부우녀(遇夫遇女)는 이를 알지 못하나니 사람을 속인 자는 하늘이 주살하는 죄를 면하기 어려울 것이요, 속임수를 당한 자도 책임이 없는 것이 아니리라.

· 오직 우리 신선도(神仙道)는 허허적멸(虛虛寂滅)한 중에 화복을 구하지 않는다. 죽어서 영화를 구한다는 것은 모두 속임을 당하는 소리로다. 도덕의 극단은 태방(兌方=西) 사람에게서 비롯하리라.

· 태인(兌人) 사람들은 천부(天父)는 높이면서 땅의 어머니는 몰라보니, 장래에 인류가 모두 금수로 돌아갈 징조라. 이는 조상에게 제사도 지내주지 않으면서 마귀라고 칭하는 지경까지 이르렀으니, 그를 어찌 인간이라 할 수 있으리오. 천지변혁기에 먼저 그 종자를 멸하는 것은 태인(兌人) 사람들이라.

다음은 구한말시대 **대선인(大仙人)이신 증산이 남긴 예언**입니다.

· 이 때는 천지성공시대라, 창조주의 명을 받아 만물을 지배하여, 뭇 이치를 모아 크게 이루나니 이른바 개벽이라. 만물이 가을바람을 만나서 혹 떨어지기도 하고, 혹 성숙하기도 함과

같이 참된 자는 큰 열매를 얻어 그 수가 창성할 것이요, 거짓된 자는 말라 떨어져 길이 멸망할지라.

그러므로 혹 신위를 떨쳐 불의를 숙청하고, 혹 인위를 베풀어 의로운 사람을 돕나니, 삶을 구하는 자와 복을 구하는 자는 힘쓸지어다.

· 선천에는 상극지리(相剋地理)가 인간사물을 맡았으므로 모든 인사가 도의에 어그러져 원한이 맺히고 쌓여 삼대에 넘침에, 마침내 살기(殺氣)가 터져나와 세상에 모든 참혹한 재앙을 일으키리라.

· 예로부터 처녀나 과부의 사생아와 그 밖의 모든 불의(不義)인 압사신과 질사신이 철천지 원을 맺어 탄환과 폭약으로 화하여 세상을 진멸케 하느니라.

· 동양은 불로 치고 서양은 물로 치리라. 산도 붉어지고 들도 붉어져서 자식이 귀중하지만 손목을 잡아 끌어낼 겨를이 없으리라.

· 일본의 대부분은 바다 속에 침몰하리라.

· 이 뒤에 괴병이 전세계에 유행하여 자던 사람은 누운 자리에서 일어나지 못한채 죽고, 앉은 자는 그 자리에서 옮기지 못하고, 행인은 노상에 엎드려서 죽을 때가 있으리라.

· 선천개벽 이후로 수(水), 한(旱), 도병(刀兵)의 겁재(劫才)가 서로 번갈아서 그칠새 없이 세상을 진탕하였으나 아직 병겁(病劫)은 크게 없었나니, 이 뒤에는 병겁(病劫)이 온 세상

을 엄습하여 인류를 전멸케 하되 살아날 방법을 얻지 못하리
니...

다음은 **성모 마리아의 예언**입니다.

· 20세기 후반에 이르면 하느님의 큰 시련이 인류의 생활에
 닥치게 될 것이다.
 하느님의 벌은 노아의 홍수 때보다도 더욱 비참하게 된다.
 위대한 사람이나 세력이 없는 사람이나 모두 함께 멸망한다.
 썩은 것은 떨어진다. 떨어진 것은 이미 생명을 지탱할 길이
 없을 것이다.
· 20세기 후반에 큰 전쟁이 일어난다. 물과 연기가 하늘로 부
 터 쏟아져 내리며, 큰 바다는 끓는 물처럼 치솟아 오른다.
 그 환란에 의해서 지상의 많은 것들은 파괴되고 헤아릴 수
 없이 많은 사람이 멸망한다. 산 사람은 오히려 죽은 사람을
 부러워할 정도로 어려움을 겪는다.
· 세상의 고통은 심각하게 되고, 권세없는 사람이나, 착한사람
 이나, 나쁜 놈이거나, 목자는 신도와 함께 멸망하게 된다.
 이르는 곳마다 죽음이 승리를 부르고 미친 듯이 날뛰는 사람
 이 개가를 올린다.
· 아! 가엾어라 법왕님! 법왕님께서 층층대를 내려오시며 수많
 은 시체를 넘으실 때, 사람들은 돌을 던지고 욕설을 내뱉어

도 법왕님은 이마에 손을 대고 울고 계셨다.

다음은 **노스트라 다무스의 예언**입니다.

· 커다란 별이 7일동안 불타고 구름이 두개의 태양을 드러내고, 커다란 마르스티프 개가 밤새 짖는다.

· 아들아! 그 원인은 화성(火星)이다. 종말이 올 때 갖가지 이변이 덮쳐온다. 그리고 지구의 대이변의 마지막은 화성(火星)이 불러 일으킨다. 유례없는 질병, 전쟁, 기아, 대지진이 일어난다.

· 아들아! 이리하여 세상의 변혁과 별들은 합치하는 것이다.

· 하늘은 540번 타오른다. 불꽃은 거대한 새로운 도시로 번지고 모든 것은 일순간에 타버린다. 하늘에서 공포의 대왕이 내려오리라. 앙골모아 대왕을 소생시키기 위해 그 전후 기간 마르스는 행복의 이름으로 지배하리라.

· 화성(火星)이 전쟁같은 힘으로 우리를 위협해 70회나 피눈물을 떨어뜨리고, 교회는 파멸로 이어지며 사람들은 그들에게 아무것도 바라지 않으리라.

· 그때는 신구약 성서가 추방되고 소각된다. 그리고 최후의 시대에 기독교 왕국의 모두와 불신앙자는 수년간 진동한다. 또 더욱 슬픈 전쟁이 있고 순혈한 피의 유출로 파괴되는 것이다. 거의 전세계는 미완성의 적막한 것이 된다. 무서운 전쟁

이 서쪽에서 준비되면 다음 해에 질병이 퍼지고, 너무 무서
워 젊은이도 동물도 달아날 수 없다.

· 지금 우리는 전능하신 하느님의 힘의 주기로 달의 지배를 받
고 있으며, 그 다음은 토성(土星)의 지배를 받을 것이다. 하
늘의 증표에 따라 토성(土星)의 통치는 다시 오고, 모든 것
은 회전하고 세계는 모순없는 변혁에 접근할 것이다.

다음은 **잠자는 예언가 에디가 케이시의 예언**입니다.

· 일본의 대부분은 바다 속으로 침몰할 것이다. 극이 이동한
다. 극의 이동이 생길 때 새로운 사이클이 생긴다. 이는 곧
재조정 시기가 되는 것이다. 각종 변화의 시초가 가까워지면
하나로 기록된 세개의 장소가 유일신을 알기 위해서, 또는
입문하는 사람을 위해서 열릴 것이다.

· 이집트에 기록이 있는 신전도 열릴 것이다. 신전이 다시 융
기할 것이다. 그리고 아틀란티스 지역 심장부에 있는 기록도
나타날 것이다. 이들의 기록은 모두 하나이다.

다음은 **미국의 가정주부 로리의 계시적인 예언**입니다.

· 하늘에서 큰 유성이 지구에 다가와 네바다주에 떨어지는 것
입니다. 다음에는 2~4년 동안 호우와 그에 따르는 지구 온

난화 현상에 이어서 동북부인 태평양 지역에서 끔찍한 대지
진이 일어납니다. 이 지진으로 미국 오리건주와 워싱턴주가
가라앉으며, 바람과 비 그리고 무서운 추위가 닥칩니다.
그 결과 미시시피강과 미주리강의 폭이 4배로 늘어납니다.
뉴욕시와 필라델피아까지도 모두 물 속에 잠기게 되며 캘리
포니아 일부, 유타 일부, 네바다주 일부, 아리조나 북동부
일부만 남게 됩니다.

다음은 **미국인 마이클 고든 스켈리온의 예언**입니다.

· 점차적으로 기후의 이상변화 현상이 일어나며, 대격변이 끝
날 때까지 지구의 기후변화는 심각성을 더할 것이다. 엘이뇨
는 이 시간대의 최후까지 계속될 것이며, 태양의 표면에 거
대한 폭발이 있고, 전염병과 새로운 병들이 나타나며 경제가
몰락하고 미국에서 약탈과 같은 혼란이 발생할 것이다. 아틀
란티스와 뮤대륙이 떠올라 새로운 고대의 문서들이 발견되리
라.

다음은 **미국의 디노 크라스펜돈의 예언**입니다.

· 20세기말 커다란 별이 태양계에 돌입해 온다. 별은 엄청난
에너지로 태양계의 모든 행성들의 궤도에 변화를 일으키는

작용을 한다.

지금도 이 별은 태양계로 다가오고 있으며, 적당한 때가 되면 지구의 천문학 수준으로도 관측이 가능하다. 그 별은 태양계의 중심부근에 자리잡아, 결국 태양계는 두개의 태양을 가지게 된다.

· 지구를 비롯한 다른 혹성들은 지금의 위치에서 자리를 이동하게 된다. 명왕성은 태양계에서 튕겨나가 우주를 방황한다. 달은 더 이상 지구의 위성이 아닌 지구와 같은 혹성이 되며, 화성의 한 위성이 새로운 지구의 위성으로 편입된다.

· 이 때가 되면 지구에는 무수히 많은 운석이 우박처럼 떨어져 내리고, 그 후 모든 것이 평정되어 새로운 시대가 될 것이다. 이러한 천체의 대이변으로 많은 인류가 희생된 후, 정신성이 높은 소수의 사람들이 나타나 지구는 새로운 황금시대를 맞이하게 될 것이다.

질 문

정말 엄청난 예언들이군요. 모든 성인(聖人)과 예언자들이 같은 예언을 했군요.

석 정

그렇습니다. 저도 이 예언들이 거짓이기를 바랍니다.

그러나 저의 감각으로도 지구는 성인(聖人)들과 예언자들이 경고한 곳으로 빠르게 달려가고 있다는 것을 느낍니다.

질 문

해결책은 무엇입니까?

석 정

· · · · ·

질 문

해결책이 없습니까?

석 정

한마리의 양을 구할 시기는 아닌 것 같습니다. 가능한한 서두르는 수 밖에 없습니다. 아주 급합니다. 해결방안은 뒤에서 제시하겠습니다.

질 문

대안이 있다니 조금은 안심이 되는군요. 〈격암유록〉에 묘사된 20세기 말부터의 혼란상황을 설명해 주시지요.

석 정

〈격암유록〉 말운론에 다음과 같은 내용이 있습니다.

도탄에 빠진 백성들이여 급히 꿈에서 깨어나라.

머지않은 장래에 눈앞에 화가 닥치니 애처롭고 애처롭다.

(塗炭百姓 急覺大夢 不免將來 目前之禍矣 可哀可哀矣)

또 〈격암유록〉 생초지락에 다음과 같은 내용이 있습니다.

세상이 악독하여 부패하고 사람들이 병들었도다.
세상의 짐승같은 종자를 멸할 때,
살인이 없는 곳이 없고 죽음이 널려있다.
(世上惡毒腐敗病人 世上爭種滅時 殺人哀惜死地生 殺人無處處死)

또한 〈격암유록〉 가사총론에는 다음과 같은 내용들이 기록되어 있습니다.

임금이 약하고 신하가 강하며
백성은 관리에게 아첨하고
관리가 수반(태수)을 죽이고도 걸릴 바가 없구나.
해와 달이 빛을 잃고 먼지와 안개는 하늘에 넘치니
예로부터 지금까지 없던 큰 재앙으로 하늘이 변하고
지진이 일어나며 불이 떨어지는
삼재팔난이 일어나는 때를 아는가?
세상 사람들아!
(君弱臣强民嬌吏에 吏殺太守無所忌憚 日月無光塵霧漲天
罕古無今大天재로 天邊地震飛火落地 三災八亂幷起時에
時를 아노 世人들아)

3년의 흉년과 2년의 괴질과

유행하는 돌림병이 만국을 휩쓸 때

토하고 설사하는 병, 천식으로 일어나는 병, 흑사병,

피가 마르고 이름없는 천질로 인해

아침에는 살아있으나 저녁에는 죽어

열집에 한집 꼴로 살아 남으며

산과 바다의 열기와 습기의 독때문에 많은 사람들이 죽어가니,

명의라도 손쓸 방법이 없어 한방의학인 오운육기도 허사일세.

이름도 모르는 악한 질병을 어찌 면하리오.

(三年之凶二年之疾流行溫疫萬國時에 吐瀉之病喘息之疾

黑死姑血無名天疾 朝生暮死十戶餘一 山嵐海瘴 萬人多死

大方局手할길업서 五運六氣虛事되니 無名惡疾免할소냐)

휘몰아치는 사나운 바람과

오랫동안 내리는 음산한 비로 인하여

밀려오는 거센 파도와 지진과 화제,

근심없는 것이 없는 환란 속에서

독한 부스럼, 악한 질병, 살인, 강도가 날뛰고

굶어죽는 자가 여기저기 널렸구나.

(狂風汪雨激浪怒濤 地震火災不虞之患 毒瘡惡疾殺人强盜

飢饉暮死여기저기)

제7장. 진리에의 접근
─ 수도, 구도

제 6장에서 정리한 모든 시련에 대한 대안으로 〈격암유록〉에서는 수도(修道)하는 삶을 권유하고 있다. 수도(修道)를 통하여 기복적인 바램이나 내세에서 피안의 세계의 바램이 아닌, 순수한 인간의 본성을 되찾고 순수의식으로의 회귀를 통한 내면의 눈을 떠서 우주의 질서와 법칙과 원리를 통찰하는 삶을 살고, 개인완성과 전체완성의 세계를 만들어가는데 노력하라고 권고하고 있다.

다시 한번 지금의 시기를 성찰해 보면 모든 생명이 씨를 뿌리고 잎이 나고 꽃을 피워 열매를 맺듯이, 이제는 지구의 시간대도 완성의 세계로 진입하고 있다.

수많은 생명체들이 삶의 존재가치를 모르고 업(業)이 소멸되지 않아 수없이 윤회를 반복하여 지금에 이르렀으나, 오랜 세월의 방황을 끊고 이제는 순수의식의 회복으로 인간완성의 결실을 맺어야 하는 시기이다.

질 문

진리로 접근하는 방법이 수도라고 하셨는데, 진리는 무엇을 말하는 것입니까?

석 정

진리는 변하지 않는 본질(本質)을 의미합니다. 그러나 형상화된 세계(물질계)를 통해서는 본질(本質)을 찾기 어렵습니다.

질 문

본질(本質)을 찾는 것이 곧 수도(修道)하는 것입니까?

석 정

그렇다고 할 수 있습니다. 모든 신앙행위나 정신세계 추구의 근본적인 목적은 본질(本質)을 찾는 것으로 귀결됩니다.

질 문

진리에 접근하려면 어떻게 해야 합니까?

석 정

근원적인 생명과 형상화된 세계(물질계)를 연결하는 것이 바로 기(氣)입니다. 그래서 기(氣)를 터득해야 본질(本質)과 진리의 접근이 가능합니다. 그것은 물질과 비물질을 연결하는 것이 기(氣)이기 때문입니다. 간절한 신앙을 통해서도 본질(本

質)과 연결되는 경우가 있는데, 그것을 성령 또는 법우(法雨)라고도 표현합니다.

질 문

어떻게 해야 기(氣)를 터득할 수 있습니까?

석 정

그것은 고명하신 분으로부터 체계적으로 선도수련(仙道修練) 지도를 받아야 합니다. 사람은 각자 기(氣)를 빨리 느끼는 부분이 다릅니다. 그러나 평균적으로 손으로 가장 빨리 터득할 수 있습니다. 기(氣)를 느끼는 것이 가장 기초적인 수련단계입니다.

질 문

진리에 접근하며 인간완성의 뜻을 세우는 마음가짐은 어떠해야 합니까?

석 정

정직하고 진실해야 합니다. 또 초지일관해야 하며 많은 사람들을 행복하게 하겠다는 기준과 건강한 상식과 올바른 통찰력이 필요합니다.

질 문

윤회를 언급하셨는데 인간은 정말 윤회합니까?

석 정

그렇습니다. 인간완성이 이루어질 때까지 끝없이 윤회합니다. 인간완성을 이루어 사명을 완수했을 때, 영원한 세계에서 쉴 수 있습니다. 여기에는 예외가 없습니다.

인간은 누구나 언젠가는 완성되어야 하며, 또한 완성됩니다. 그리고 그것은 자신의 의지에 의하여 진화의 속도가 결정됩니다. 인간완성의 접근이 많이 된 사람을 영급(靈級)이 높다고 말합니다. 인간의 가치는 영급(靈級)에 있습니다. 그것은 세상적인 조건과는 무관합니다.

이런 이치는 수도(修道)가 정진되었을 때 깨우쳐 집니다. 따라서 영급(靈級)이 높은 사람은 죽음의 관념을 넘을 수도 있고, 노자처럼 어머니가 돌아가셨을 때에도 춤을 출 수 있는 것입니다.

질 문

영급(靈級)을 재는 잣대는 무엇입니까?

석 정

그 사람의 행동입니다. 이기적이냐 이타적이냐 하는 것이죠. 지식과 학력은 무관합니다.

질 문

〈격암유록〉에서는 수도(修道)하는 삶과 순수의식으로의 접근을 어떻게 권고했습니까?

석 정

〈격암유록〉 세론시에 다음과 같은 내용이 있습니다.

하늘의 도를 따르는 자 살 것이요

모르는 자 죽으리.

이를 헤아릴 자 누구이며 들을 자 누구인가?

세상 사람들이 어찌 알 것인가?

그러나 지혜있는 자는 알 것이다.

(天道者生 無道者死 量者誰聽者誰 世人何知 智者能知矣)

〈격암유록〉 초장에 또 다음과 같은 내용이 있습니다.

생의 피난처는 마음에 달려 있으나

욕망을 가지면 구름과 안개에 뒤덮혀

갈피를 잡지 못하고 혼돈하니

죽음의 길로 치달으며 피난처를 얻지 못하리.

(避亂之本都在心 雲霧漲天昏衢中 欲死死走永不得)

〈격암유록〉 나마23조에 다음과 같은 내용이 있습니다.

본심(本心)을 상실한 사람은 마음을 깨달아라.

이에 사람이 지켜야 할 23조항이 있으니

첫째, 불의를 행함이요. 둘째, 악한 마음을 먹음이요.

셋째, 욕심이요. 넷째, 악의를 품음이요.

다섯째, 시기하는 것이요. 여섯째, 곁길로 사람을 따름이요.

일곱째, 다투는 것이요. 여덟째, 속이는 것이요.

아홉째, 악독함이요. 열째, 수근대는 것이요.

열한번째, 헐뜯는 것이요. 열두번째, 신이 없다는 것이요.

열세번째, 하늘이 없다는 것이요. 열네번째, 능욕함이요.

열다섯번째, 교만함이요. 열여섯번째, 자만함이요.

열일곱번째, 악을 꾀함이요. 열여덥번째, 불효함이요.

열아홉번째, 어리석음이요. 스무번째, 배반함이요.

스믈한번째, 정이 없는 것이요. 스믈두번째, 자비가 없는 것이요.

스믈세번째, 불의를 시인하는 것이라.

이러한 사람은 뉘우치며 스스로 꾸짖지 아니하면

하늘의 분노와 혹독한 형벌을 면하기 어려우리.

(心覺心覺 喪失本心者 一不義,, 二魂惡, 三貪慾, 四惡意, 五猜忌,

六條人, 七粉爭, 八詐欺, 九惡毒, 十叔隱叔隱, 十一誹謗, 十二無神,

十三無天, 十四凌辱, 十五驕慢, 十六藉慢, 十七諸惡圖謀,

十八父母拒逆, 十九愚昧, 二十背約二, 十一無情, 二十二無慈悲,

二十三不義 是忍也, 此人悔心自責不然 不免天怒 天伐之毒矣)

질 문

〈격암유록〉에서 부부사이에서 가져야 할 마음가짐을 언급한 부분은 없습니까?

석 정

〈격암유록〉 가전에 다음과 같이 있습니다.

어떤 일이 있어도 부부는 헤어지지 말라.

사람같은 남편과 짐승같은 아내가 만났어도

살기를 원하면 버리지 말라.

또한 짐승같은 남편이 사람다운 아내와 계속

살기를 원하면 헤어지지 말라.

얽힌 삼밭같아도 같은 기운이 훈훈하고

부드러운 향기가 왕래하면 짐승같은 사람도

살아나는 것이 천연지사인데 사람들은 모르도다.

(如何間 不離夫婦 人男獸婦逢之願 心同居不棄 獸男 人婦願之共居是

亦不棄 蓬田如摩 同氣勳柔 香風往來 獸人得生 天然之事 世不知也)

질 문

젊은 남녀에게 권고하는 내용이 있으면 말씀해 주시지요.

석 정

〈격암유록〉 가전에 다음과 같은 내용이 있습니다.

많은 범죄와 여러가지 악 중에서

몸 밖의 죄와 몸 안의 죄가 있으나

몸 안의 죄가 가장 흉악한 죄이니라.

몸 안의 죄는 청춘남녀가 삼가라.

선남선녀에게 이 말을 당부하니

모든 행동을 신중히 하라.

(虎多犯罪諸惡之中 有罪於身外 身內犯罪極凶之一條也　犯內之罪

靑春男女　愼之又愼　善男善女愼此言　愼行之哉)

질 문

몸 안의 죄는 무엇을 말합니까?

석 정

그것은 여러가지 저급한 정보를 말합니다. 저급한 기(氣)라고 할 수 있습니다. 체내의 저급한 정보에서 저급한 사고가 나옵니다.

제 11장 필자의 체험기에서 자세하게 설명하겠습니다.

질 문

공직자에게 권고한 부분도 있습니까?

석 정

〈격암유록〉 말운론에 다음과 같이 있습니다.

관직에 있는 자가 청렴, 정직, 근면하지 않으면

나라를 해치는 자니 후회하리.

음지가 양지되고 강한 자는 망하고 부드러운 자는 존재하니,

물든 자 누구이며, 물들지 않은 자 누구인가?

(在官者不水靑直勤 怨無心也　害國者 陰轉陽强亡柔存

染色者誰無色者誰)

제8장.
신성(神性)이 머무는 곳
— 단전(丹田)

인간성과 순수의식의 회복을 위해 수많은 성인(聖人)들이 지구촌을 다녀갔다. 인간이 지키면서 살아가야 할 말씀을 많이 하셨지만 그것들이 왜 행동으로 실천되지 않았는가? 왜 4대성인(聖人)의 법(法)은 실패하고 인류는 점점 더 이기적으로 변하고, 육체에 바탕을 둔 욕망의 문화는 점점 더 기승을 부리고 있을까?

그것은 인간의 내부에 있는 정신 시스템을 모르고 있었기 때문이다. 설령 알았더라도 그것을 개발하는 방법을 모르기 때문이다.

왜 아는 것과 행동하는 것은 일치하지 않는가? 또 인간관계에서 오는 수많은 갈등, 질투, 미움, 시기의 마음은 어디서 발생하는 것이며, 죄악은 어떤 연유로 생기는가? 그리고 폭력의 근원지는 어디이고 기쁨과 희열, 자유, 쾌감의 원인은 무엇이며 어떤 작용에 의해 생기는가?

그것에 대한 해답도 역시 인간 내부의 정신 메카니즘을 알아야 한다. 인간은 태어나면서 자연으로부터 받은 섬세한 정신계 기관이 있다.

인도의 정신문화의 지주인 요가에서는 그것을 「차크라」라고 하며 일곱개의 차크라의 원리를 정립해 놓았다.

선도(仙道)에서는 단전(丹田)이라 하여 크게 머리와 가슴과 아랫배로 나누어 상, 중, 하단전(丹田)으로 구분한다.

선도(仙道)의 원리에서 제시하는 세개의 단전(丹田)을 완성하면 인체내의 정신계 기관이 완성되기 때문에 인체내에서 자연의 법칙이 이루어진다. 즉 요가의 원리에서 제시하는 일곱개의 차크라가 완성되는 것이다. 단전 시스템(차크라)은 서로 유기적으로 연결되어 있다. (그림 8-1)

단전(丹田)은 에너지의 중심이란 뜻이다. 이 곳의 에너지가 흘러가는 길을 경락(經絡)이라 하고 머무르는 정거장을 혈(穴)이라고 한다.

단전(丹田)은 에너지의 중심으로 인체의 내분비선과 깊은 연관을 맺고 있으며, 매우 중요한 영향을 미친다.

만약 단전(丹田)을 통과하는 기(氣)의 흐름이 부적당한 활동이나 무리한 운동으로 인하여 과도해 지거나 막히면 관련된 내

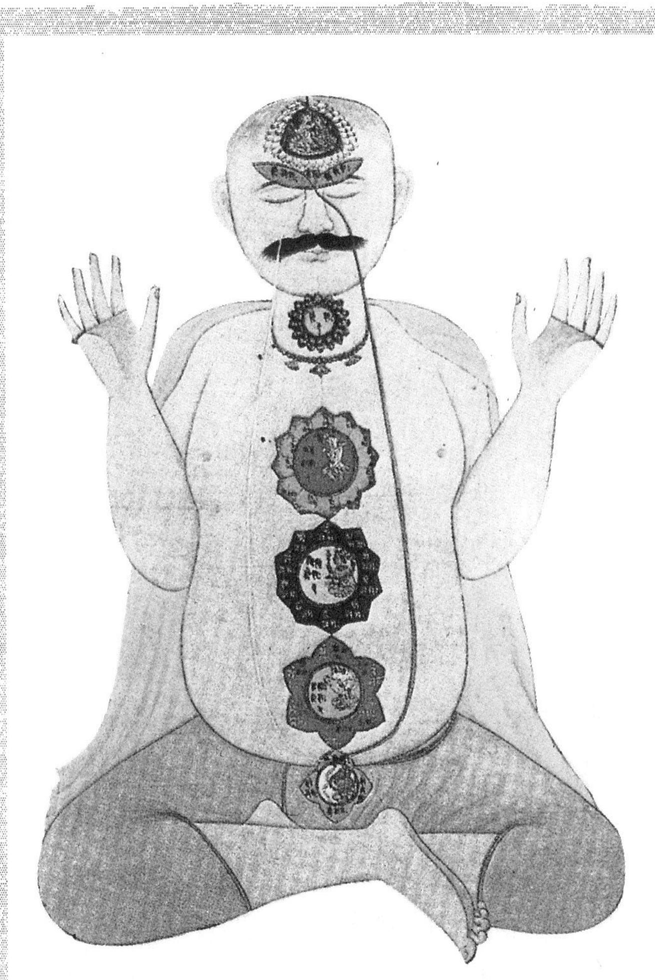

(그림 8-1) 요가에서 말하는 7개의 에너지 센터인
차크라를 묘사한 그림. 이마와 가슴, 아랫배의
차크라가 각각 상, 중, 하단전에 해당한다.

분비선에 기(氣)적인 반응이 나타난다. 기(氣)가 막히기 때문이다.

기(氣)가 막히면 사고, 재난, 질병, 등의 기(氣)가 막힌 일이 벌어진다.

신경조직과 나란히 있는 이러한 내분비선은 인간의 몸 속에서 온도를 조절하고 균형을 유지하는 주체인 동시에, 몸과 마음을 통합하여 균형있게 콘트롤하는 자동조절 시스템이다. 아주 작은 부조화라도 생기면 피의 흐름 속으로 곧바로 들어가는, 미세하지만 아주 강력한 호르몬 분비선에 동요를 일으키게 되며 감정, 외모, 안정, 호흡, 소화, 창의력, 이해력에 대해 막대한 영향을 끼치게 된다.

모든 육체적, 정서적, 심리적 질병은 기(氣)의 운행의 부조화에 기인된 것이다. 만약 섬세한 기(氣)의 운행이 정상화되고 균형이 회복되면, 정신적, 육체적, 건강을 되찾을 수 있게 되며 행복과 환희를 맛볼 수 있게 된다. 그래서 자연으로부터 타고난 정신계 기관인 단전(丹田)시스템의 작동이 완전해지면 완성인간이 된다.

그러면 하단전(下丹田)에서는 끊임없는 힘이 솟구쳐 정력적이며 용기가 생겨서, 진취적인 인생을 살고, 중단전(中丹田)에서는 한없는 자비와 사랑과 연민의 정이 큰 환희심으로 분출되고, 상단전(上丹田)에서는 우주적인 지혜와 원리를 깨치는 자각과 무한한 창의성이 넘쳐 곧 삶으로 연결된다.

자연으로부터 받은 완전한 정신적 시스템이 인간내부 깊숙히 자리잡고 있으면, 정신적 기관을 완전하게 사용할 때 극치의 기쁨과 쾌감, 우주적인 자유, 분별없는 인간관계, 높은 도덕성, 범우주적인 사랑, 조건없는 영향력 등 인간이 추구하고자 하는 지고의 가치들이 생산되며, 자연치유력과 질병에 대한 저항력이 극대화 된다.

또한 단전(丹田)시스템이 완전해지면 인간이 가지고 있는 무한한 영능력(靈能力)이 나온다.

그러면 왜 인간은 타고난 정신계 시스템을 활용하지 못하고 사는가?

왜 우주적인 자유와 고양된 의식으로 살지 못하고 외로움과 고독, 걱정과 욕망, 죄책감과 피해의식, 의심과 공포, 질병과 무력감에 시달리며 살아야 하는가?

그것은 여러가지 요인으로 인하여 단전(丹田) 시스템이 고장났기 때문이다. 고장난 단전(丹田)은 기를 조화롭게 운용하기가 어렵다.

단전(丹田)이 고장난 이유는 무엇인가?

그것은 첫째는 완성되지 않은 부모로부터 받은 유전자이고,

둘째는 욕망이 저급한 기(氣)를 만들어 체내에 축적되었기 때문이다.

셋째는 수많은 인간관계를 통해 만든 인과(因果)의 결과로 체내에 저급한 기(氣)가 쌓였기 때문이고,

넷째는 질투, 시기, 미움, 폭력, 죄책감 등의 저급한 감정이 발생할 때 저급한 기(氣)를 유발시켜 체내에 저급한 기(氣)가 만들어져서 축적되었기 때문이다.

이러한 이유로 저급한 기운이 인체의 경락(經絡)을 막고 단전(丹田)에 쌓여, 자연이 준 완전한 기능이 업(業)의 정도에 따라 마비되고 있는 것이다.

음양오행(陰陽五行) 법칙의 작용에 의해서 저급한 기(氣)의 활동이 정체될 때(이 시기를 사주학에서는 희신(喜神)과 용신(用神)의 운이라고 한다)가 있는데, 이때에 비교적 단전(丹田)과 경락(經絡)의 기(氣) 흐름이 활발하여, 생에 활력이 생기며 의지하는 바가 이루어진다.

또한 자연법칙에 의해서 저급한 기(氣)의 활동이 강해질 때(이 시기를 사주학에서는 구신(仇神)과 기신(忌神)의 운이라고 한다)무력감, 투쟁, 고난, 구설, 불행 등이 와서 인생을 지옥으로 몰아넣는다.

그래서 선지자들은 기쁨과 슬픔, 행복과 불행, 향상과 퇴조 등이 교차되는 것에 인생의 비감(悲感)을 느꼈고, 성인(聖人)들은 이런 불완전한 인간을 죄인이나 중생이라 하며, 욕망으로 사는 속인이라 한 것이다.

지구촌에 발생하는 모든 문제는 이러한 기(氣)의 법칙에 연유한 것이며, 이 법칙에서 벗어난 것은 없다.

그래서 의식이 깨어있는 사람은 영원한 가치를 위해 방황하며 구도하고 신앙하는 것이다.

〈격암유록〉에서는 우주완성의 시기와 20세기말의 환란이 올 때에 대처하는 방안으로 선도수련(仙道修練)을 하여, 타고난 정신계 기관인 단전(丹田)을 완전하게 회복하여 높은 도덕성과 인격을 갖추라고 강조했다.

선도수련(仙道修練)의 첫번째 접근방법은 단전(丹田)호흡이지만 단전(丹田)호흡이 선도(仙道)는 아니다.

단전(丹田)호흡으로 건강이나 관리하는 것은 선도(仙道)와는 별개이다. 선도(仙道)는 인간완성에 뜻을 두고 진리에 접근하고자 하는 것이며, 타고난 정신계 기관인 단전(丹田)을 완전하게 회복하는 것이다.

질 문

그러면 〈격암유록〉에서 강조하는 것은 결국 선도수련(仙道修練)을 말하는 것입니까?

석 정

그렇습니다. 선도수련(仙道修練)을 통하여 인간완성을 이루라고 강조했고, 그것은 인체의 정신계 에너지 회로가 개발되는 것을 의미합니다. 첫번째 접근 방법은 단전(丹田)호흡이지요.

질 문

〈격암유록〉에서 권고하고 강조한 부분을 설명해 주시지요.

석 정

〈격암유록〉 초장에 다음과 같은 내용이 있습니다.

전전(田田)하는데 전(田)의 뜻은 무엇인가?

사방이 바른 것이 전(田)의 뜻이며

전에 전을 합하면 묘술이 무궁한 것이

진짜 전(田)이라.

(田意田意何田意 四面方正是田意 田之又田 變化田 妙術無窮眞田意)

질 문

전(田)이란 무슨 뜻입니까?

석 정

인체의 정신계 기관인 단전(丹田)을 의미합니다.

질 문

묘술이 무궁하다 하는 것은 무엇을 의미합니까?

석 정

정신계 기관에 단전(丹田)이 개발되면 영적능력이 생깁니다. 이러한 능력은 인간이면 누구에게나 내재된 것입니다. 다만 개발의 정도에 따라서 차이가 있는 것 뿐입니다.

음악적 감성, 문장력, 통솔력, 통찰력, 리더쉽, 스포츠에 대한 감각 등 모든 것들이 영적인 능력이라고 볼 수 있습니다.

어떤 차크라(丹田)가 개발되었냐에 따라서 표현이 다르게 나타나는 것 뿐입니다. 또한 많은 사람들이 신비하게 생각하는 투시, 천안, 타심통같은 특별한 감각도 개발이 됩니다.

〈격암유록〉 성산심로에서는 전(田)이 땅을 의미하는 것이 아니라 정신계 기관을 의미한다는 내용이 있습니다.

땅에서 전전(田田)을 구하면 평생토록 얻기 어려우며,
도에서 전전(田田)을 구하면 어려움 없이 쉽게 얻으리라.
(求地田田平生難得 求道田田無難易得)

질 문

〈격암유록〉을 보면 십(十)에 대해서 많이 나오는데, 이것은 무엇을 의미합니까?

석 정

십(十)은 진리의 상징이며 인간완성을 의미합니다. 십자가의 모습이나 불교의 절만(卍)자도 같은 맥락이라고 볼 수가 있습니다.

〈격암유록〉 궁을론에는 다음과 같은 내용이 나옵니다.

궁궁(弓弓)이 불화한 듯 동서로 향하고
궁(弓)자가 서로 등을 돌리는 형상에서 십승이 나온다.

이러한 이치를 깨닫고 따르면 소원성취하리.

(弓弓不和向面東西 背弓之間出於十勝 人覺從之所願成就)

질 문

궁(弓)이란 무엇을 말합니까?

석 정

궁(弓)은 기(氣)가 몸 안에 들어와 축척되는 것을 말합니다. 수련의 정도가 깊어 백회(정수리)혈(穴)이 열렸을 때, 다음과 같이 기운이 체내에 들어옵니다. (그림 8-1)

질 문

정말 신비하군요. 그러면 궁궁(弓弓)은 무엇을 의미합니까?

석 정

궁궁(弓弓)이 불화한 듯 동서로 향하면 다음과 같은 형상이 나옵니다(亞). 즉 진리를 상징하는 십(十)의 형상이 되지요. 인간완성을 의미합니다. 그래서 완성자, 이긴자, 승리자로 표현하는 것입니다.

〈격암유록〉 궁을론에 다음과 같은 내용이 나옵니다.

궁궁(弓弓)이 서로 화합하여 앉아있는 곳에서
신인(神人)이 되는 공부가 나온다.
사람마다 배워서 글없이 도통하리.

(그림 8-1) 백회(정수리)에서 기운이 체내에 들어오는 상태.
궁(弓)의 형상이다.

(弓弓相和向面對坐 灣弓之間出於神工 人人讀習無文道通)

※ 궁궁(弓弓)이 서로 화합하는 형상은 다음과 같습니다
(弘). 공(工)자를 의미하지요. 공(工)자의 의미는 인간완성을
위해서 노력하는 것을 말합니다. 즉 공부한다고 하죠. 또 하늘
(一)과 땅(一)을 정신계의 에너지 회로로 연결(ㅣ)하는 것을
말합니다(工).

또 천지인(天地人)이 합(合)이 되는 것을 의미하지요. 그것
을 도통(道通)이라고 합니다. 그런 사람을 진인, 신인, 신불,
부처, 정도령(正道令)이라고 합니다.

질 문

을을(乙乙)에 대해서도 설명해 주시지요.

석 정

을을(乙乙)도 완성을 나타내는 십(十)을 의미합니다. 또한
을(乙)은 북두칠성의 형상을 나타내기도 합니다. 북두칠성은
다음과 같은 형상인데, (乙) 이것은 을(乙)의 형상이 되지
요. 북두칠성에 대해서는 제9장에서 설명하겠습니다.

을을(乙乙)에 관한 설명은 〈격암유록〉 궁을론에 다음과 같이
있습니다.

을을(乙乙)이 몸을 합하고 을을(乙乙)이 몸을

등지는 가운데 공(工)자가 나오며
이 공부는 세인이 논하는 과학을 초월한 공부이다.
(乙乙合身向面 左右背乙之間出於工字 世人覺之科學超工)

※ 을을(乙乙)이 몸을 합하면 다음과 같은 형상이 나옵니다
(卍). 완성을 나타내는 십(十)의 형상이죠. 을을(乙乙)이 몸을
등지면 다음과 같습니다(工). 하늘과 땅을 연결하여 완성하는
공부라는 뜻입니다.

질 문

인체의 정신계 회로를 개발하여 단전(丹田) 시스템을 개발하
여, 인간의 신성(神性)을 회복하고, 선도수련(仙道修練)을 통
하여 접근하라는 내용을 원문에서 찾아서 설명해 주시지요.

석 정

〈격암유록〉 궁을론에 다음과 같은 내용이 있습니다.

성(性)의 이치를 깨달지 못하면 소원을 이룰 수 없고
사구합체(田)가 예의로 들어가는 이치이며
사구지간(田) 에서 완성이 나오는데
골수의 때를 세척하는 목욕탕의 전(田)이라.
(性理之覺無願不通 四口合體入禮之田 四口之間出於十字
骸垢洗淨沐浴湯田)

※ 사구합체(四口合體)는 구(口)를 네개로 합하라는 의미로 전(田)을 의미하며, 성(性)은 마음심(心)에 날생(生)을 합한 것입니다. 즉 마음이 나오는 근본자리를 말합니다. 그래서 마음자리에 들어간 사람을 성통(性通), 도통(道通)했다고 합니다.

그 방편은 인체의 에너지 회로와 단전(丹田) 시스템을 개발하는 것이며, 단전(丹田) 안에 있는 저급한 기(氣)를 닦아내는 것을 강조한 부분입니다.

〈격암유록〉 궁을론에 또 다음과 같은 내용이 있습니다.

한 선의 태에서 사방으로 연결되고
사각이 이그러지면 十자가 나오는데
묘하고 심원하여 세상 사람들은 알기 어렵다.
(一鮮成胎四方連交 四角虛虧出於十字　奧妙原理世人難知)

※ 한 선(鮮)의 태(胎)에서 사방으로 연결되면 전(田)의 형상이 되고, 사각이 이그러지면 다음과 같은 형상이 나오는데 (㽪) , 결국 단전(丹田)과 완성(十)에 대하여 언급한 것입니다.

질 문

선도수련(仙道修練)을 강조한 내용은 없습니까?

석 정

〈격암유록〉 은비가에 다음과 같이 있습니다.

삼가삼도가 말운에 와서

일선(一仙)으로 세상이 조화되는구나.

자고로 옛 것은 버리고 새 것을 따라

바른 도를 깨우치라고 했다.

(三家三道 末運一仙之造化蓮花世 自古由來豫言中 革舊從新訪道覺)

〈격암유록〉 가사요에도 다음과 같이 기록되어 있습니다.

궁을의 도와 덕을 깨닫지 못한 이

나오면 죽고 들어가면 사는 이치를 영원히 못 깨우치리.

길은 멀고 도는 아득하니 언제 도를 이루고 덕을 세우리.

(弓乙道德不覺之人 出死入生永不覺 道其遠而迷於道

何時知時道成立德)

질 문

나오면 죽고 들어가면 사는 이치란 무슨 뜻입니까?

석 정

땅의 십승지(十勝地)를 의미하는데 제17장에서 자세하게 설명하겠습니다.

제 9장. 우주의 신성(神性)
― 자미원(紫薇垣)

　제 8장에서 언급한 인간내면의 단전(丹田) 시스템의 작용을 원활하게 하지 못하게 하는 것은 저급한 기(氣)의 집합체(이것을 업(業)이라 한다)들이나 내면에 쌓여진 저급한 정보는 저급한 기(氣)의 축적때문이다.

　저급한 기(氣)는 인체의 에너지 중심인 단전(丹田)과 에너지 회로인 경락에 달라붙어 원활한 기(氣)의 흐름을 차단한다.

　이러한 저급한 기(氣)의 작용때문에 인간은 본성으로부터 멀어지고 관념이나 분별에 의해 사고하고 행동하여 새로운 업(業)을 또다시 쌓으며 살아간다.

　체내에 쌓인 저급한 기(氣)의 덩어리들은 정보의 집합체이기 때문에, 분별을 낳아 보편적인 사랑의 실천이 어렵다.

　예를 들면 좋아하는 사람과 싫어하는 사람의 분별이 벌써 태어 나면서 생기는 것이다.

또 좋아하는 음식과 싫어하는 음식, 좋아하는 색깔과 싫어하는 색깔, 좋아하는 동물과 싫어하는 동물, 좋아하는 음악과 싫어하는 음악 등의 분별이 만들어진다.

확대하면 좋아하는 나라와 싫어하는 나라, 좋아하는 대륙과 싫어하는 대륙, 좋아하는 종교와 싫어하는 종교, 좋아하는 사상과 싫어하는 사상, 좋아하는 철학과 싫어하는 철학, 좋아하는 성인(聖人)과 싫어하는 성인(聖人) 등이 있다.

그래서 작게는 가정에서 아버지하고는 잘 통하는데 어머니하고는 안맞고, 형제나 친구 중에도 잘맞는 사람이 있듯이 수많은 인간관계가 분별에 의해서 자유로움을 잃어버리는 것이다.

이런 모든 분별과 관념이 체내에 쌓인 저급한 기(氣)의 작용이며, 본성과 양심을 밝히는 단전(丹田) 시스템의 작용이 마비되었기 때문이다.

또한 그것은 별들의 작용에 따라 음양(陰陽)과 오행(五行)이 변화함으로써 기(氣)의 변화가 생겨 좋아했던 것이 싫어지며, 싫어하던 것이 좋아지는 마음의 작용을 만들어 수많은 인간관계와 삼라만상의 변화가 나타나는 것이다.

인간내부에 깊숙히 자리잡은 저급한 정보의 집합체나 저급한 기(氣)의 덩어리인 업(業)은 지구상에 발생하는 기(氣)로써 완전하게 닦아낼 수가 없다.

인간내부의 단전(丹田) 시스템은 너무나 섬세하고 세밀하기

때문에 은하계에서 발생하는 가장 고차원의 기운으로만 가능한 것이다. (그림 9-1)

(그림 9-1) 영안(靈眼)으로 본 상, 중, 하단전 시스템

특히 상단전(上丹田)의 혈(穴)을 열 수 있는 기(氣)는 고급기운이 아니면 불가능하며, 저급한 기운으로 혈(穴)을 열 때에는 상단전(上丹田) 회로가 망가질 수도 있다.

우리가 살고있는 은하계의 모든 존재를 생성하게 된 근원적인 에너지가 나오는 곳을 자미원(紫微垣)이라고 한다. 자미원(紫微垣)은 기(氣)의 세계의 근원자리이며 생명의 시작이다.

제 4장에서 정리했듯이 은하계는 자미원(紫微垣), 태미원(太微垣), 천시원(天市垣)으로 크게 3개의 사이클을 형성한다.

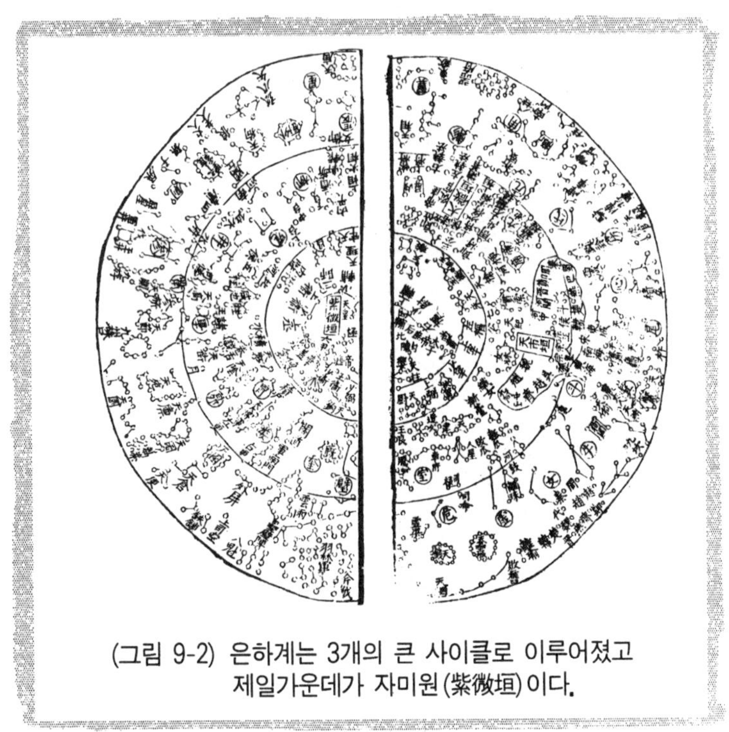

(그림 9-2) 은하계는 3개의 큰 사이클로 이루어졌고 제일가운데가 자미원(紫微垣)이다.

그 중에 은하계에서 가장 고차원의 기(氣)를 발생하는 곳은 북극성과 북두칠성을 중심으로 이루어진 하나의 사이클인 자미원(紫微垣)인데, 이것을 첫번째 사이클이라 하여 일원(一垣)이라고 한다. (그림 9-2)

이 자리를 천궁(天宮), 자미궁(紫微宮), 천부성(天符星) 또는 구궁(九宮)이라 하며 하늘이라고 한다. 도가(道家)에서는 자미대제(紫微大帝)가 살고있다 하고, 선가(仙家)에서는 태을천존(太乙天尊)이라 하여 옥황상제가 거한다고 한다.

가장 신령스러운 기운이 모여있는 곳이라고 옛 선서(仙書)는 전한다. (그림 9-3, 9-4)

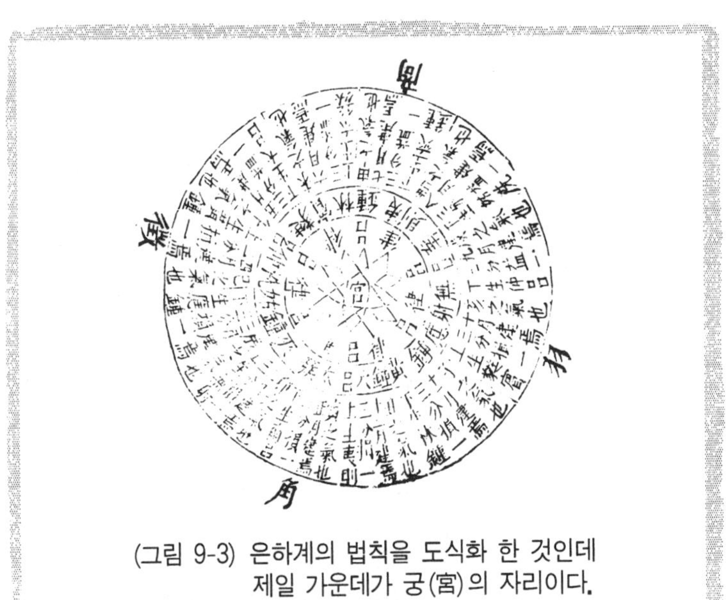

(그림 9-3) 은하계의 법칙을 도식화 한 것인데
제일 가운데가 궁(宮)의 자리이다.

(그림 9-4) 은하계의 법칙을 도식화 한 것인데
제일 가운데가 하늘(天)이다.

선도(仙道)의 경전인 삼일신고(三一神誥) 중 천궁(天宮)훈에
보면 이곳에 들어가려면 모든 업(業)을 소멸시켜, 윤회의 사이
클을 끊고, 깨닫고, 사명을 받아 공을 완수한 자만이 들어가
영원한 쾌락을 누린다고 기록되어 있다. (그림 9-5)

자미원(紫微垣)의 별자리 중 특히 중요한 것은 북두칠성인
데, 이 곳의 기(氣)의 파장을 받으면 몸안의 모든 업(業)을 소
멸할 수 있다고 한다. 즉 욕망의 인간에서 자연법칙과 하나가
되는 원리의 인간으로 재생된다는 것이다.

또한 중요한 별 중의 하나인 오제좌(五帝座)의 기(氣)의 파

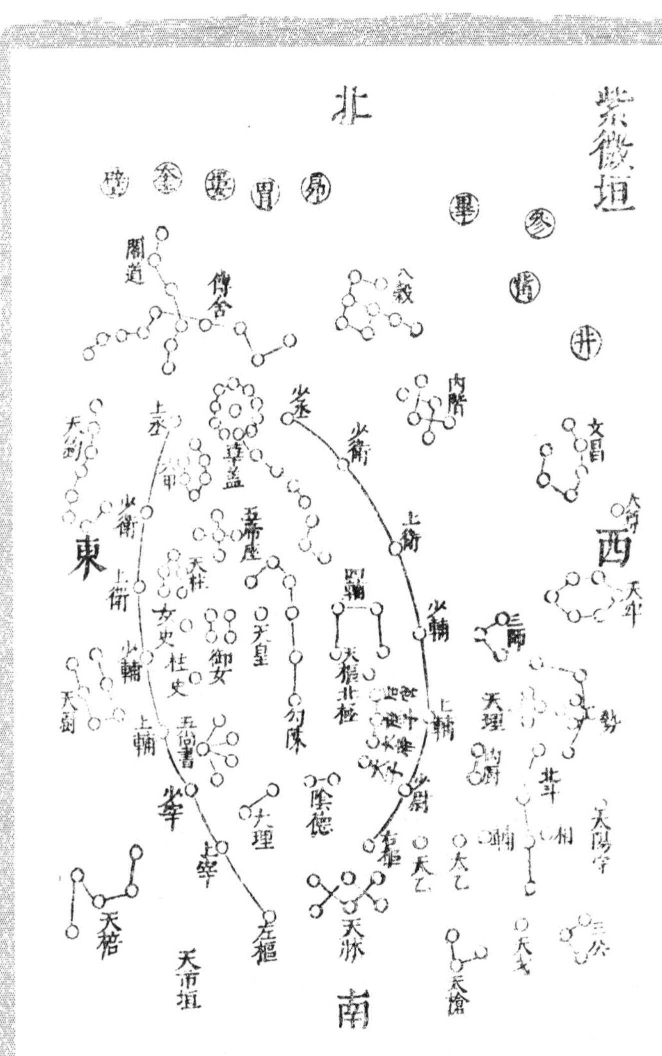

(그림 9-5) 자미원(紫微垣)의 별자리. 긴 선으로 연결된 곳이
자미궁(紫微宮)이고 오른쪽으로 북두칠성이 있다.

장을 받으면 굉장한 카리스마가 생긴다고 한다. 그래서 이 별은 권위를 상징한다.

자미원(紫微垣)의 기(氣)를 통하여 인간의 업(業)장을 소멸할 수 있고, 이 곳의 기운과 연결된 사람을 완성인간이라 한다. 완성인간이 쓰는 기(氣)를 천부인(天符印)이나 해인(海印)이라 하며, 완성된 인간을 정도령(正道令)이라고 한다.

또 이 기운이 연결된 사람의 몸에는 보라빛의 발광체가 형성되는데, 이러한 사람을 자하선인(紫霞仙人)이라고 칭한다.

이러한 원리를 따서 중국의 자금성(紫錦星)이 자미원 모습으로 지어졌고, 하늘에 천제(天祭)를 올리는 문화가 내려오는 것이다.

자미원(紫微垣)의 기(氣)와 연결된 사람, 그래서 그 곳의 기(氣)를 자유롭게 쓸 수 있는 사람을 정도령(正道令)이라고 하며, 그 곳의 기(氣)와 연결된 사람은 순수의식의 발현으로 전체완성과 인류애를 얘기한다.

그래서 큰 정신(GREAT SPIRIT) , 대령(大靈) , 본성(本性) , 신성(神性) , 조화의 주체, 조화주로 표현한다. 자미원(紫微垣)의 기운과 연결된 사람은 차후에 밝히기로 하겠다.

〈격암유록〉에서는 자미원(紫微垣)의 기(氣)를 만나 저급한 기운을 정화시키고 타고난 단전(丹田)시스템을 회복하여 완성으로 접근하라고 강조했다.

질 문

자미원(紫微垣)의 기(氣)가 통하는 방법은 무엇입니까?

석 정

고명한 사람으로부터 체계적인 선도수련(仙道修練)을 받아야 합니다.

은하계에는 중심이 되는 자미원(紫微垣)이 있고 북두칠성이 있듯이, 소우주인 인간에게도 이 세계와 교신할 수 있는 기능이 있습니다. 주파수와 같은 원리라고나 할까요.

질 문

그 기능이 어느 곳에 있습니까?

석 정

해부학적으로 설명하면 송과체라고 할 수 있습니다. 송과체를 싸고 있는 일곱개의 혈(穴)이 있는데, 혈(穴)이 열리면 자미원(紫微垣)과 연결되어 우주의 모든 정보를 받게 됩니다.

고명한 사람이란 이 기관이 열린 사람을 말합니다. 따라서 백회(정수리)혈로 기(氣)를 받아 인당혈로 투사해서, 수련자의 혈(穴)을 열어 수련에 도움을 줄 수 있습니다. (그림 9-6)

그러나 하단전(下丹田)과 중단전(中丹田)이 완성되지 않은 상태에서의 상단전(上丹田)의 기능은 완전하지 않고, 정확한 정보의 감지와 작용이 불완전합니다. 상단전(上丹田)의 기능이 완전해지려면 하단전(下丹田)에서 기(氣)를 정화해야 합니다.

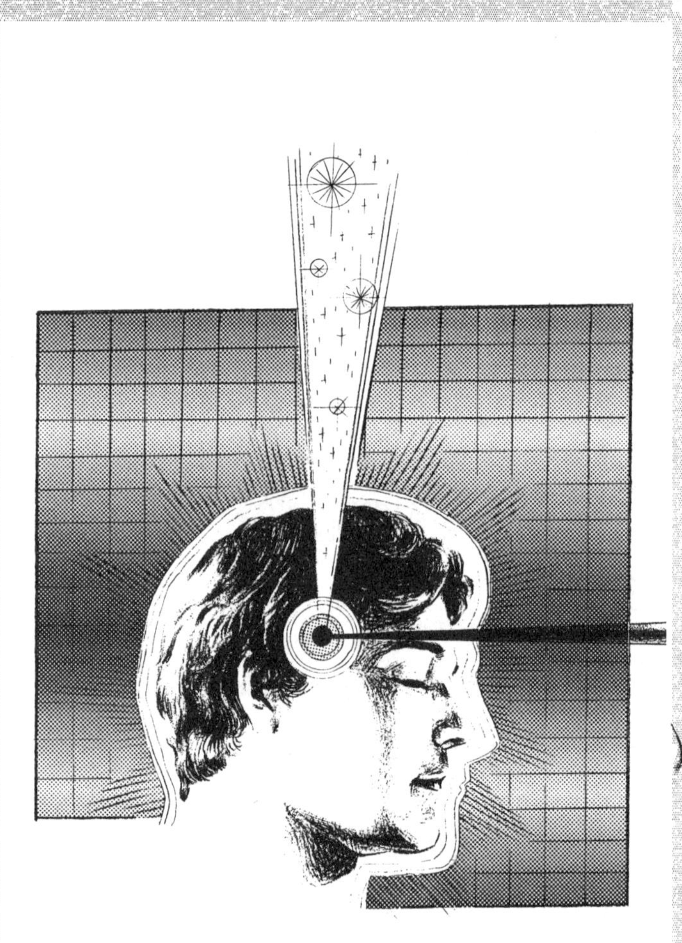

(그림 9-6) 백회(정수리)에서 기(氣)를 받아
인당혈로 투사되는 모습

무속(巫俗)인들이 예언을 하여 맞았다 틀렸다 하는 이유는
여기에 있습니다.

질 문

무속인들은 상단전의 기능만 작용하는 사람이군요.

석 정

그렇기 때문에 힘이 없고 가슴에 사랑이 부족하며 감지하는 정
보도 한계가 있지요.

질 문

자미원(紫微垣)이란 심령과학에서 말하는 신명계(神明界)를
말합니까?

석 정

그렇습니다. 종교와 정신수련 단체에서 선계(仙界), 극락,
천국, 천궁(天宮)으로 각각 다르게 표현하지만, 결국 완성된
순수의식의 영혼이 사명을 다하였을 때 들어가는 곳입니다.

질 문

신앙을 해서 들어갈 수는 없습니까?

석 정

순수의식을 통하여 인류애로 승화시킨 사람은 가능하다고 봅
니다. 그러나 기복적인 신앙과 이기심으로는 불가능합니다. 원

수를 사랑할 수 있고 모든 종파와 사상을 초월하여, 전체와 하나의 의식을 가진 사람만이 가능하다고 봅니다. 누구보다도 신앙인 자신이 제일 잘 알고 있지 않을까요?

질 문

자미원(紫微垣)에 들어가지 못하면 어떻게 됩니까?

석 정

순수한 영혼이 될 때까지 끝없이 윤회하지요. 육신이 다하면 영계(靈界)에 머물고 ,또 육신을 받아 영급(靈級)을 진화시키게 되지요. 완전한 순수영혼이 되어도 사명, 즉 세상 사람들의 영혼을 성장시켜 주는 일을 하지 않으면 다시 한번 내려와야 합니다.

성철 스님이 돌아가시면서 수미산과 같은 죄업만 쌓고 간다고 말한 의미는 이런 측면에서 이해할 수 있습니다.

따라서 진정한 신앙인과 수도인(修道人)은 죽는 것이 문제가 아니라, 깨닫지 못하고 세상 사람들의 영혼의 성장에 기여를 못하는 것을 안타까워 합니다.

질 문

결국 생사(生死)는 이동에 불과하군요.

석 정

그렇습니다. 때문에 영급(靈級)을 진화시켜 주는 사람을 만나는 일은 최고의 행운이라 할 수 있습니다. 그러나 이러한 정신세계의 법칙을 모르는 사람은 관심이 없는 일이며, 고명한 분을 만나도 진가를 모르기 때문에 의미가 없지요.

그런 사람은 더 많은 윤회를 해서 영적인 진리를 받아들일 수 있을 만큼 진화해야 합니다. 이러한 영적진리를 체득한 사람은 종말이니 구원이니 하는 얘기가 우습지요. 영적진리의 체득은 때로는 지식이 도움이 되긴 하지만 감각적으로 인식해야 합니다.

질 문

자미원(紫微垣)의 기(氣)와 연결된 사람을 완성인간 정도령(正道令)이나 구세주 메시아라고 하는 것입니까?

석 정

그렇습니다. 그러나 그런 사람을 숭배하는 것은 의미가 없습니다. 중요한 것은 스스로 정도령(正道令), 즉 성인이 되는 것입니다. 또 대의(大義)에 동참하며 순수의식의 추구와 전체완성의 비젼에 협조하는 것이 중요합니다. 자미원(紫微垣)의 기(氣)와 연결된 사람도 기운으로 도움을 줄 수 있는 것 뿐이지, 결국 인간완성을 이루는 것은 본인이기 때문입니다.

질 문

원리에 빠지지 않고 사람에게 빠져서, 사이비 종파나 교주가 생기는 것이군요.

석 정

그렇습니다.

질 문

자미원(紫微垣)의 기(氣)를 해인(海印) , 천부인(天符印)이라고 설명하셨는데 종교에서 말하는 성령이나 법우(法雨)와도 같은 것입니까?

석 정

그렇습니다. 완성된 영혼이 있는 곳에서 오는 기(氣)입니다. 순수의식과 전체완성의 의식을 가진 사람에게 연결되지요.

질 문

자미원(紫微垣)의 기(氣)가 연결된 사람은 누구입니까?

석 정

아직은 밝히기가 곤란합니다. 3년후에 (1999년) 밝히기로 약속하겠습니다.

질문

〈격암유록〉에서 자미원(紫微垣)과 북두칠성에 대해 기록된 부분을 설명해 주시지요.

석 정

〈격암유록〉 내패예언60세에 다음과 같은 내용이 있습니다.

죄없는 인생들이 영원히 거하는 궁(宮)이라
죄많은 인생들은 성(城)에 들어갈 수 없네.
(無罪人生永居宮 有罪人生不入城)

※ 여기서 궁(宮)은 자미궁(紫微宮)을 뜻하고 천궁(天宮)이
라고도 합니다.

〈격암유록〉 말운론에 다음과 같은 내용이 있습니다.

하늘에서 주는 해인은 의심이 없어야 받게 되니
고관대작은 깨닫지 못하고 영웅, 문장가,
재주많은 이는 아니 받도다.
(無疑海印天授得 高官大爵無覺智　英雄文章非能士)

〈격암유록〉 말운론에는 다음과 같은 내용이 있습니다.

땅에서는 구세주 정씨왕을 만날 수 없으며
해인의 그림자도 보지 못하리.
하늘의 해인을 구하면 사람마다 극락일세.

(地不逢鄭王求世 海印不見之影　求天海印皆人極樂)

〈격암유록〉 사답칠두에 다음과 같은 내용이 있습니다.

북두칠성은 별 중의 별이니 진짜 농사는 이것이라.
(寺畓七斗 斗中之星 曲土辰寸　眞實之農)

※ 원문의 곡진(曲辰)은 농사농(農)이고, 토촌(土寸)은 절사(寺)를 의미하고 농사를 의미합니다. 자미원(紫微垣)에 있는 북두칠성의 기(氣)를 통하여 상, 중, 하단전(丹田)에 기운을 모으는 것을 설명한 내용입니다.

〈격암유록〉 석정수에 다음과 같은 내용이 있습니다.

하늘 농사는 칠성이 떨어지는 농사요
들에서 들리는 소의 울음소리
인생을 추수하는 심판일이니.
(農曲土辰寸七斗落 牛性在野牛鳴聲　人生秋收審判日)

※ 소울음 소리는 깨달음을 상징합니다.

〈격암유록〉 생초지락에 또 다음과 같은 내용이 있습니다.

마음을 깨닫고 진리를 깨달을 때

죄악과 쟁투와 서로 해하는 것에서 벗어나는 문은

상제의 아들 북두칠성(斗牛星)이라.

(心覺訪道皆生時 罪惡爭土相害門 上帝之子斗牛星)

질 문

자미원(紫微垣)에 관한 내용은 없습니까?

석 정

〈격암유록〉생초지락에 다음과 같이 있습니다.

성산지(聖山地)는 삼재팔난이 침입하지 못하니

28숙 별이 공동으로 모이는 자하선 중

남조선에 음양(陰陽)의 덕을 합한 진인 정씨가 온다.

(聖山地 三災八難不入處　二十八宿共同回 紫霞仙中南朝鮮

南來鄭氏陰陽合德 眞人來鄭氏)

※ 성산지는 28숙이 모이는 자미원(紫微垣)을 말하며, 이 기운과 연결된 사람이 한국에서 나온다는 것을 설명했습니다.

〈격암유록〉석정수에 다음과 같은 기록이 있습니다.

해인을 가지고 일하니 능치않음이 무엇인가?

탈겁하여 거듭나는 변화를 입으리니.

(海印役事能不無 脫劫重生變化身)

※ 해인(海印)은 자미원(紫微垣)의 기(氣)라고 설명했고, 이 기운을 통하여 욕망으로 사는 인간이 자연법칙과 하나되는 원리적인 인간, 즉 완성인간으로 변화한다는 내용입니다.

〈격암유록〉 조소가에는 진리를 추구하는 사람들을 비웃는 자들에 대한 내용이 있습니다.

칠성을 의지하고 따르는 이는 하늘의 도움을 받으리.
그러나 세상 사람들은 얼마나 복을 받았느냐고 비웃으며
망령들린 수도인이라 조롱하리.

(七星依側彼人 天佑神助　人我嘲笑而稱受福萬嘲而 不具 虛妄修道人)

〈격암유록〉 격암가사에 또한 이렇게 설명되어 있습니다.

천하의 기운이 몸으로 재생하니
선도(仙道)와 불도(佛道)에서 잉태한 지 수년만에
천도문이 열려오고,
어화 세상 사람들아 알아보고 알아봐서
남의 농사 그만 짓고 내 집 농사 지어보세.

(天下一氣再生身 仙佛胞胎幾年間에 天道門이 열려오고

어화 세상사람덜아 아러보고 아러봐서

남의 농사 고만짓고 내집농사 지어보세.)

※ 우리 민족의 정신적 무리는 신선도(神仙道)이니, 우리의
수련을 통하여 인간완성을 하자는 권고입니다.

제 10장. 필자의 체험기

제11장 신성(神性)의 열매에 대한 이해를 돕고자 필자의 체험을 쓰려고 한다.

6년동안 선도수련(仙道修練)을 하면서 느낀 기적(氣的), 심적(心的)인 느낌을 그대로 전달하기 위해 용어와 단어의 직접적인 표현은 이해를 구한다.

1990년 8월부터 선도수련(仙道修練)을 시작했다. 그 당시 나는 10여년 동안 야간업소에서 연주생활을 했고, 규칙적이지 못한 생활과 뚜렷한 철학없이 인생을 적당히 즐기며 사는 삶을 살고 있었다.

주위에는 항상 여자들이 있었고 접촉이 잦았다. 그래서 정(精)을 많이 소모한 상태였다. 29세의 나이에 비하여 몸은 많이 굳어 있었고, 항상 피로를 느껴 잠자는 것을 좋아하며 잡기를 즐겼다.

비교적 고급업소에서 일했기 때문에 수입이 많았고 상대하는 사람들도 사회 지도층 인사나 풍류를 즐기는 한량이 많았다. 대상이 다양한 탓에 사회를 움직이는 관행을 잘 파악할 수 있었다.

10여년의 연주생활, 다양한 이성관계 속에서의 실망, 좌절, 허무... 길진 않았지만 매스컴에 출연하여 인기도 누려보고, 돈도 벌어보고, 부모 형제와의 갈등, 연민, 인연, 친구들과의 기쁨, 갈등... 인간관계에서의 부딪힘, 실망... 인생에 대해 권태를 느꼈다. 이성, 명예, 돈, 인간관계 등을 너무 빠르게 맛을 본 것 같았다.

그 무렵 1986년부터 독학한 운명학도 나름대로 정리가 되어 인생의 흥망성쇠, 길흉화복이 우주법칙인 기(氣)의 작용임을 깨닫고 허무는 더욱 깊어 갔다. 영원하고 변하지 않는 무엇을 찾고 싶었다.

그러던 중, 고명한 분을 만나게 되었고 선도수련(仙道修練)을 시작했다. 수련 초기 3개월은 체조와 동작을 통해 굳은 몸을 풀고 단전(丹田)호흡을 배웠다. 오랜 방황과 습기때문인지 몸과 마음은 황폐하고 정신은 집중이 잘 안되었다. 체조와 동작을 따라하기 조차 힘이 들었다. 그러나 새로운 삶과 새로운 세계를 개척하고자 하는 열정이 강했기 때문에 비교적 순수하게 수련에 몰입할 수 있었다.

1개월 정도 지났을 때 양손에 끈적한 기운을 느꼈고, 3개월 정도 수련했을 때는 명문으로 부터 기(氣)가 감기면서 들어오

(그림10-1) 명문혈(命門穴)로 기운이 들어와
하단전에 모이는 과정

는 것이 느껴졌다. (그림 10-1)

이때부터 몸과 마음은 비교적 안정되었으며 새로운 세계에 대한 열정은 더욱더 뜨거워졌다. 그러나 몸에 새로운 기(氣)가 들어오면서 고통스러운 현상이 나타났다. 몸살, 두통, 몽둥이로 맞은 것 같은 무력감 등...

5개월 정도 되었을 때는 기(氣)를 느끼며 춤을 출 수 있었고, 기운 속에서 평화로움을 느꼈다. (그림 10-2)

(그림 10-2) 기(氣)를 느끼며 추는 춤으로 형식이 없다.

선도수련(仙道修練)은 하늘과의 거래이고 정성에 의하여 판가름 난다는 내면의 소리를 듣고 적극적으로 수련에 임하였고 모든 것을 긍정적으로 사고하였다.

6개월 정도 수련했을 때는, 비로서 항상 의식을 아랫배에 집중하며 생활할 수 있었다. 인간완성에 대한 강한 열망과 선도(仙道)의 정신이 무한한 허공에 뿌리를 둔다고 인식하며 인류애에 기준을 두고 수련에 임하였다.

7개월 정도가 지나자 몸안의 경락(經絡)을 통해 따뜻한 기운이 이동하는 감각이 느껴졌다.

선도수련(仙道修練)의 특별한 계기가 일어난 때는 8개월째였다. 수련도중 머리끝 백회(정수리)에서 쩍! 하며 쪼개지는 느낌이 들었다.

백회(정수리)가 열리는 순간이었다. 순간, 허공에 있던 기(氣)가 기다렸다는 듯이 머리로 쏟아져 들어왔다. 머리는 청량했으며 또 한번의 새로운 세계에 대한 경이로움을 느꼈다.

9개월에서 1년 사이에는 백회(정수리)가 열려 뇌속을 관통하면서 찌르르한 느낌이 들며, 청량한 기운이 머리속을 감돌았다. 그리고 그 후로는 항상 머리로 이슬비가 내리는 느낌이 들었고, 아랫배에 의식을 집중하여 들어오는 기(氣)를 다스렸다.

1년~2년 동안은 기운의 줄기가 점점 강해져서 소나기가 오는 느낌이 들었다. 뇌는 더욱더 청량하고 맑았졌으며, 정신적으로 혼란을 느끼지 않았다.

그러나 가슴의 일부까지만 기운이 느껴지고 다른부분은 석고 같이 경직되어 답답하게 느껴졌으며 아랫배 부위는 힘이 들어가지 않았다. 매우 힘들었던 시기로 기억된다. (그림 10-3)

그 후 2년~3년 동안은 기운의 줄기가 마치 머리위에서 기름을 붓는 듯 꿀렁꿀렁 들어왔다. 좀더 구체적으로 비유하면 큰 드럼통의 기름을 따를 때의 느낌이랄까.

그렇게 기운의 줄기가 강해지면서 가슴(중단전)과 아랫배(하단전)로 기운이 내려왔다.

머리 부위에는 강력하게 내려오고 가슴 부위는 느낌이 좀 약했으며, 아랫배 부위는 더 약했다. (그림 10-4)

백회(정수리)와 인당, 전정, 미간, 태양혈로 들어오는 기(氣)는 체내에 들어와서 액체로 바뀌면서 가슴에는 빗물같이 쭉쭉 흘러내렸고, 아랫배에도 간헐적으로 물줄기가 흘러 내렸다.

또한 강력한 기(氣)의 압력으로 몸 속에 혈(穴)이 열리는 것이 느껴졌다. 석고같던 가슴과 아랫배에서 균열이 일어나는 듯 했고, 찌르륵 찌르륵 하며 몸안의 통로가 열리는 것을 느꼈다. 가슴은 편안해졌으며 평화로와지고, 아랫배에서는 불같이 뜨거워지기도 하고 식기도 했다.

아랫배에서 하단전(下丹田) 시스템이 가동되어 작동을 할 때는 내장이 익는 것같이 뜨거웠다. 아울러 형언할 수 없는 쾌감

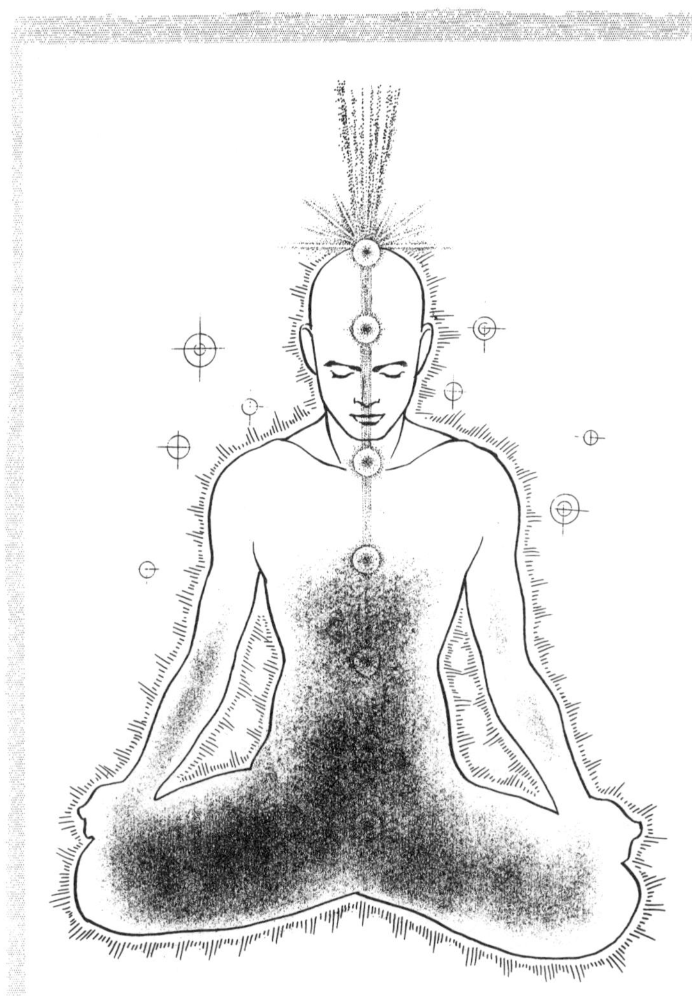

(그림 10-3) 백회(정수리)에서 가슴의 일부까지만 기운이
연결된 상태. 불가(佛家)의 십우도(十牛圖))에서
검은소가 흰소로 바뀌는 과정이 있는데,
머리 부위만 흰소가 된 상태라고 볼 수 있다.

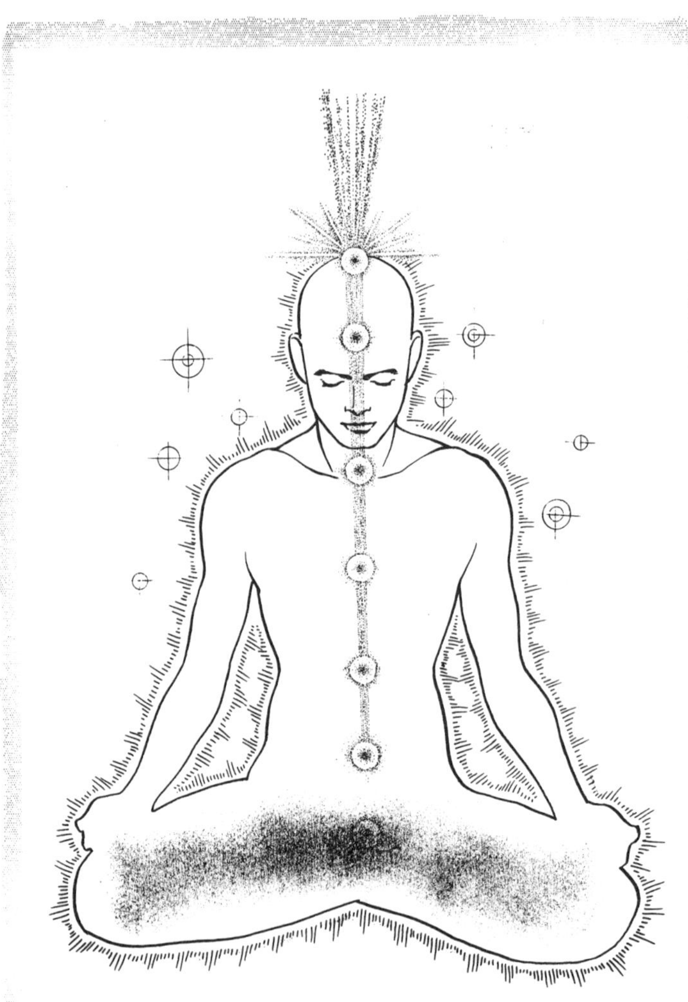

(그림 10-4) 백회(정수리)에서 기(氣)가 들어와 하단전까지
연결된 상태. 불가의 십우도(十牛圖)에서
반은 흰소 반은 검은소의 상태로 볼 수 있다.

이 아랫배에서 생성되었다. 물론 이러한 상태가 지속되는 것이 아니라, 생겼다 사라졌다를 반복했다.

나는 이 시기에 하늘을 알기 시작했다. 어려웠던 경전도 이해가 되었고, 세상의 이치가 보이기 시작했다. 진정으로 실질적이고 행동으로 연결할 수 있는 진리가 선도(仙道)인 것을 더욱더 확신하고 진리를 세상에 알려야겠다는 큰 사명감이 동시에 다가왔다.

모든 인간관계에서의 부딪힘과 불행이 결국 나의 문제((業)에서 발생된다는 것을 뼈속 깊이 깨닫기 시작하며 항상 나 자신을 관조하며 성찰할 수 있는 눈이 뜨여져 하늘을 두려워 하며 진정으로 인간관계에서 진실해질 수가 있었다.

그 후로는 사람을 미워할 수가 없었고 저급한 감정이 생기면 즉시 뉘우치고 참회했다.

그리고 진정으로 사람들을 살리고자 하는 마음을 갖게 되었으며, 잘못한 사람은 용서하고 만나는 사람들에게는 항상 긍정적으로 꿈과 희망을 제시하게 되었다.

3년~4년이 지나자 기운의 줄기는 더욱더 강해졌다.

백회(정수리)에서 폭포가 쏟아지는 것 같았으며, 주위에는 항상 거대한 에너지의 장(場)이 형성되어, 나의 주위에 있는 사람들도 백회(정수리)가 열리고 강한 기(氣)를 느낀다고 했다. 온 몸에 기운의 파도가 항상 느껴졌다.

상단전(上丹田)에서는 기(氣)의 회오리가 치면서(태극운동) 결정체가 만들어지는 것이 느껴졌다. 그러나 중단전(中丹田)에서는 빗물이 계속 흘러내렸으나 열려야 할 어떤 대문이 닫혀져 있는 것이 느껴졌고, 하단전(下丹田)에서도 물줄기가 흘러내리지만 어떤 저급한 기(氣)의 덩어리가 존재하는 것이 느껴졌다. (그림 10-5)

내 몸에 존재하는 업(業)덩어리들 때문에 그동안 수많은 인간관계가 진실하지 못했으며, 때때로 나오는 저급한 감정, 상념, 분별들... 일본도(日本刀)로 아랫배를 그어버리고 싶을 정도로 추악한 내면의 정보들이 느껴졌다.

아아! 하느님, 저의 죄를 용서해 주십시요...

4년~5년이 지나자 명상하는 도중에 갑자기 하늘에서 별무리들이 뇌로 들어와 더욱더 강하게 상단전(上丹田)의 혈(穴)이 열렸다.

기운의 줄기는 더욱더 강화되어 마치 하루종일 소방 호스를 정수리에 댄 것 같았다. 강력한 기(氣)의 압력은 내면의 업(業)장을 파괴하며 소멸시켰다.

기(氣)를 받으며 명상할 때나 꿈속에서 수많은 전생의 정보들이 지나갔다. 살인, 전쟁, 간음, 배신, 영욕... 수많은 상념들과 상(象)이 지나갔으며, 그것을 통해 현생의 인간관계의 의문이 풀리기 시작했다. 지금까지 수많은 인생을 살아오면서

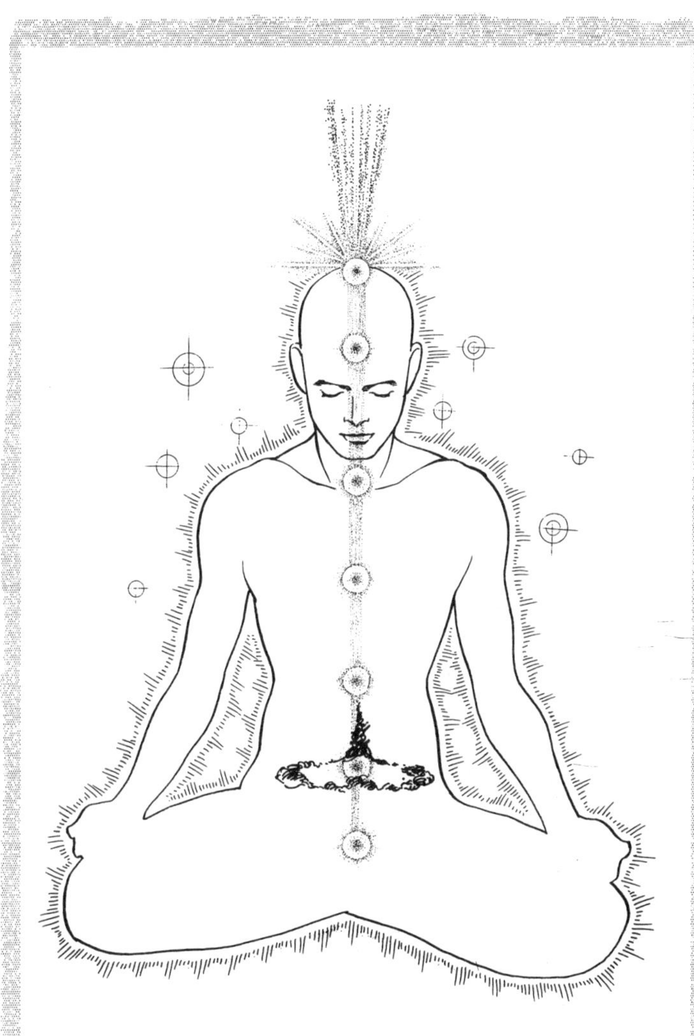

(그림 10-5) 백회(정수리)에서 기(氣)가 들어와 온몸으로
연결되었지만 하단전과 경락에 저급한 기(氣)의
덩어리들이 존재하는 상태.

얼마나 많은 인과를 쌓았는가?

5년 이후부터는 상대방과 앉아있으면 상대방 기(氣)의 강약과 청탁이 나의 뇌로 들어와 감지가 되었다.

장소에 따라 땅의 기운이 다르게 느껴지고 산의 기운도 종류별로 느껴졌다. 명상에 들어가면 한없는 쾌감과 자유와 풍족함을 느낀다.

상단전(上丹田)에 기(氣)의 회오리가 치면서 기(氣)의 결정체를 만들고 중단전(中丹田), 하단전(下丹田)에서도 물줄기가 쌓이면서 회오리가 느껴진다.

제대로 운기(運氣)가 될 때는 뇌가 시릴 정도로 청량하고 단전(丹田)은 창자가 탈 것 같이 뜨거우며, 커다란 쾌감과 충만한 만족감과 자유가 밀려온다.

이상이 필자가 체험한 기적(氣的), 의식적인 변화이다. 상, 중, 하단전(丹田)에서 기(氣)의 회오리(태극운동)가 쳐지면서 기(氣)의 결정체(내단, 단약, 단환)를 이루어야 3단전(丹田)의 시스템이 완성되며, 허공과 하나가 되어 영원한 진리와 만날 수 있다.

그러나 아직은 불완전한 것 같다. 감정의 동요가 때때로 일어나며, 어떤 제약을 받을 때 스트레스를 느낀다.

지금까지 체험기를 적은 것은 제 11장 신성(神性)의 열매에 대한 이해를 돕기 위함이다.

제 11장.
신성(神性)의 열매
— 삼풍(三豊)

필자의 수련을 통해서 설명했듯이 기(氣)가 체내에 들어와 단전(丹田)과 경락에 붙어 있는 저급한 기운을 소멸시키고, 그 것은 액체로 변하여 각 단전(丹田)시스템에서 회오리(태극운동)를 치며 상, 중, 하단전(丹田)에 기(氣)의 결정체를 만든다.

이것을 내단(內丹)이나 여의주(如意珠), 또는 단약(丹藥)이라고 하며, 하단전(下丹田)에 만들어진 기(氣)의 결정체를 정(精), 중단전(中丹田)에 만들어진 기(氣)의 결정체를 기(氣), 상단전(上丹田)에 만들어진 기(氣)의 결정체를 신(神)이라고 한다.

이 3개의 보물을 〈격암유록〉에서는 삼풍(三豊)이라 했고, 하단전(下丹田)에서는 불덩어리처럼 뜨거운 작용을 하면서 만들어진다 하여 화인(火印), 중단전(中丹田)에서는 빗방울이 흘러 내리며 만들어진다 하여 우인(雨印), 상단전(上丹田)에서는 이슬이 내리며 만들어진다 하여 로인(露印)이라고 한다.

이것은 해인(紫微垣의 氣)을 통하여 만들어지며 예수님은 이러한 기적(氣的) 현상을 성령이 불처럼, 물처럼, 이슬처럼 임한다고 말씀하셨고, 이 기운이 완성된 자를 인(印) 맞은 자라 묘사했다.

불가(佛家)에서는 이런 현상을 법우(法雨)가 내린다고 표현한다. 자미원(紫微垣)의 기(氣)를 만나도 세개의 결정체를 만들지 못하면 의미가 없다. 정말 중요한 것은 기(氣)의 결정체를 만들어야 3단전(丹田)이 완성되는 것이다.

이제 〈격암유록〉에 기록된 문장들이 이해되리라 믿으며, 기가 체내에 들어와 결정체(丹藥)를 만들며 작용하는 부분을 정리한다. 〈격암유록〉에서는 기(氣)가 체내에 들어와 액체화되는 것을 석정수(石井水), 영천수(靈天水), 공덕수(功德水), 감로수(甘露水), 생명수(生命水)로 묘사했다.

질 문

석정의 체험기를 접하고 나니 선도수련(仙道修練)의 체험이 없는 사람이 〈격암유록〉을 얘기하는 것은 불가능하다는 것이 느껴집니다. 선도수련(仙道修練)을 모르고 〈격암유록〉을 이해할 수는 없군요.

석 정

그렇습니다. 10명 이상의 연구가들이 해석했으나 바르게 접근한 사람이 한명만 있었어도 제가 이 책을 내지 않았을 것입니다. 바르게 알린 사람이 없기 때문에 더 큰 사명감이 있었다고 할까요.

질 문

비교적 간단하게 체험기를 쓰셨군요.

석 정

자세하게 기술하려면 한이 없지만 결국 선도(仙道)는 백회(정수리)에서 회음(항문부위)까지 인체의 에너지 통로를 뚫는 것입니다. 그렇기 때문에 거기에 초점을 맞추었습니다.

질 문

기(氣)가 체내에 들어와 액체화되는 현상을 다른 성인(聖人들)은 어떻게 표현했습니까?

석 정

불가(佛家)에서는 법우(法雨)가 내린다고 했고, 예수께서는 기름부은 자라고 표현했습니다.

질 문

결국 같은 얘기군요.

석 정

그렇습니다. 완성된 사람은 우주에너지를 받아 인체에 에너지 회로를 개발한 사람들이라고 볼 수 있죠. 히말라야의 성자들, 한단시대의 도인(道人)들, 중국의 성인(聖人)들, 인도의 요기들 모두 같은 맥락이지요.

질 문

결국 모든 신앙행위나 정신수련의 궁국적인 목적은 인간완성이며, 그것은 인체의 에너지 회로가 개발되어 단전(丹田)시스템이 완전해지는 것이군요.

석 정

그렇지요. 그렇기 때문에 인간완성에 접근하는 방법은 신앙도 있고 정신수련도 있습니다. 그래서 궁극적인 목적에 충실해야 하는데, 방편에만 매달리니 종교와 사상의 싸움이 일어날 수 밖에 없는 것입니다. 이것을 볼 수 있는 통찰력을 가진 사람들이 많이 나와야 합니다. 그래야만 지구는 21세기를 보장받을 수가 있습니다.

질 문

수련이 깊어지면 인체에 굉장한 쾌감이 생긴다는데 어느 정도입니까?

석 정

몰핀의 8배 정도입니다. 그것을 현대의학에서는 엔돌핀이라고 하더군요. 우주의식, 무심(無心)의 경지는 충만함과 완전함을 동반합니다. 이러한 의식의 기쁨이 너무 크기때문에 돈, 명예, 이성, 권력 등에 집착하지 않지요.

또한 왼쪽 뺨을 때려도 오른쪽 뺨을 내밀 수 있는 여유와 연민의 정이 생기게 되지요.

질 문

〈격암유록〉에 기록된 해인(海印) 즉, 자미원(紫微垣)의 기(氣)를 통하여 인체의 에너지 회로를 개발하고 상, 중, 하단전(丹田)시스템을 완성시키는 부분을 설명해 주시지요.

석정 선생

〈격암유록〉 말운론에 다음과 같은 내용이 있습니다.

하늘의 백성은 삼풍의 곡식을 구하고
곡식의 종자는 삼풍에서 구하라.
천지인 삼합이며 화인, 우인, 로인이 삼풍인이라.
(天民擇地三豐之穀 穀種求於三豐也 天地人三 火印 雨印 露印 三豐印)

질 문

하늘의 백성이란 무슨 뜻입니까?

석 정

욕망으로 사는 사람이 아니라 인간완성에 뜻을 두고 사는 사람을 말합니다.

질 문

삼풍(三豊)에 대해서 다시 한번 설명해 주시지요.

석 정

세가지 풍부함을 말합니다. 즉 인체의 상, 중, 하단전(丹田)에 우주에너지가 채워지면 힘과, 덕과, 지혜가 충만해집니다. 인체의 세가지 보물 정(精), 기(氣), 신(神)이라고 하지요. 현대교육에서 얘기하는 지(智), 덕(德), 체(體)와도 일맥상통합니다.

질 문

화인(火印), 우인(雨印), 로인(露印)에 대하여 다시 한번 설명해 주시지요.

석 정

수행이 깊어지고 백회(정수리)의 혈(穴)이 열리면 우주에너지가 머리와 가슴과 아랫배에 연결되는데, 머리에서는 이슬비가 오는 감각이 생기고 가슴에서는 비가 주룩주룩 내리는 느낌이 들며, 아랫배에서는 뜨거운 감각이 생기는 현상을 표현한 것입니다.

질 문

정말 신비하군요. 잘 알았습니다. 또 다른 곳에 언급한 부분을 설명해 주시지요.

석 정

〈격암유록〉 말운론에 다음과 같은 내용이 있습니다.

해인이 비같이 내리며 세번 변화를 일으키며

불과 이슬같이 땅에 내려 합일되는 이치인데

구름은 없는데 비가 쏟아지니 불로초요

구름같은 이슬이 과연 불사약이로다.

불이 하늘로 뻗쳐 오르니 화인이로다.

(海印雨下三發化字發 火印地印露印化印合一理 非雲眞雨不老草

有雲眞露不死樂 八人登天火字印)

※ 원문 팔인(八人)을 합하면 화(火)자가 됩니다.

질 문

불이 하늘로 뻗쳐 오른다는 것은 무슨 뜻입니까?

석 정

아랫배(하단전)에 기운이 쌓여 단전(丹田)시스템이 가동되면 불덩어리처럼 뜨겁게 타오르며, 인체에 발생하는 모든 저급한 기운을 태워서 정화합니다. 하단전(下丹田)시스템이 완성되면 질병에 대한 저항력과 자연적인 치유능력이 강해 집니다.

질 문

어떠한 바이러스도 침투가 안됩니까?

석 정

그렇습니다. 모든 성자들이 예견한 괴질에 대한 대안이지요.
〈격암유록〉 말운론에 또 다음과 같이 언급하고 있습니다.

늙지 않고 죽지 않는 신선의 약이요
물이 올라가고 불이 내려오는 곳
이른바 양백삼풍이라 한다.

(不老不死 長仙之樂 水昇火降之村 謂之兩白三豊也)

질 문

물이 올라가고 불이 내려오는 현상 즉, 수승화강(水昇·火降)
은 무슨 뜻입니까?

석 정

인체 중의 심장에서는 화기(火氣)가 발생합니다. 또 신장에
서는 수기(水氣)가 발생하지요. 그래서 정상적인 기적(氣的)작
용은 심장의 화기(火氣)는 아랫배로 내려오고, 신장의 수기(水
氣)는 머리로 올라가야 합니다.

이러한 상태가 되었을 때, 육체적으로나 정서적으로 안정이

되고 건강한 심신을 유지할 수 있으며 감정이 조절됩니다.

그러나 심장의 화기(火氣)가 올라가고 신장의 수기(水氣)가 내려오면, 아랫배는 차갑고 머리는 무겁고 아파지는데 흔히들 열받는다고 말합니다.

사람의 완전한 건강은 수승화강(水昇火降)이 되어야 이루어지는데, 그것은 인체내의 3단전(丹田)이 완성되어야 완전해 집니다. 이렇게 수승화강(水昇火降)이 완전하게 이루어지는 사람을 성인(聖人)이라고 합니다.

질 문

모든 범죄와 부도덕같은 것들도 화기(火氣)가 치밀어 올라서 그렇군요.

석 정

그렇습니다. 뇌가 청량해야 하는데, 화가 치밀어 오르니 이성을 잃어버리는 것이죠. 도덕성 확립도 수련을 통해서 화기(火氣)를 잘 다스리면 됩니다.

질 문

세상 사람들이 그런 이치를 잘 이해할 수 있을까요?

석 정

거기에 선각자들의 괴로움이 있습니다. 그러나 인내심을 가지고 꾸준히 알려 나가야죠. 책임감과 사명감을 가지고요.

〈격암유록〉 성산심로에 다음과 같은 내용이 있습니다.

삼풍의 곡식을 허망하다 말하니
세상사람들은 알기 어렵구나.
지혜있는 자 배부르고, 지혜없는 자 배고프다.
(三豊之穀 虛妄之說 世人難知 有智者飽 無智飢)

〈격암유록〉 성산심로에 또 다음과 같은 내용이 있읍니다.

허한 중에 실이 있으니
성산의 샘물은 약중의 약이라.
한번 마시면 수명을 연장하고
마시고 또 마시면 죽지않고 영생하네.
(虛中有實 聖山水泉 藥之又藥 一飮延壽 飮之又飮 不死永生)

질 문

허(虛)한 중에 실(實)이 있다는 것은 무슨 뜻입니까?

석 정

기(氣)는 형태로는 보이지 않지만 사람의 인체에 흡입되어 하단전(아랫배)에서는 힘을, 중단전(가슴)에서는 덕을, 상단전(머리)에서는 지혜를 생산합니다.

질 문

성산(聖山)이란 무슨 뜻입니까?

석 정

성스러운 땅을 말하는데 은하계의 근원자리인 자미원(紫微垣) 즉, 완성된 혼들이 모여있는 곳을 의미합니다. 그래서 인간완성을 이룬 사람의 뇌의 주파수를 파고 기운이 이동한다고 설명드렸지요.

기공수련이나 신앙생활을 통해서도 기(氣)를 터득할 수 있습니다. 그것을 쓰는 것은 기(氣)치료, 안수, 신유은사라고 하는데, 수행자의 영급(靈級)에 의하여 쓸 수 있는 기(氣)의 차원이 다릅니다. 무속인들도 같은 개념으로 보면 됩니다.

그러나 인간의 신성(神性)을 개발하는 기(氣)는 자미원(紫微垣)의 기(氣)가 아니면 한계가 있습니다. 사람의 정신계 시스템은 너무나 정교하고 세밀하기 때문에 은하계에서 가장 고급 파장이 아니면 완전한 개발이 불가능합니다.

질 문

자미원(紫微垣)과 연결된 사람을 판단하는 기준이 있습니까?

석 정

수행이 깊어지면 뇌로 감지할 수 있고 보통 사람이 판단할 때는, 순수의식과 전체완성의 비젼을 세우고 행동하는 사람일 것입니다. 어떤 정신이냐가 문제인데, 종교와 사상을 초월한 큰 정신이냐, 아니면 어떤 틀이 있느냐를 보면 판단할 수 있습니다.

질 문

머리가 좀 맑아지는 것 같군요.

석 정

〈격암유록〉 성산심로에 또 다음과 같은 내용이 있습니다.

하늘의 곡식이니 사람마다 깨달으소.

주야로 쉬지말고 부지런히 농사지으면

하루에 세끼를 먹어도 굶어죽으나

삼십일에 아홉끼만 먹어도 주림없이 살으리.

(人人心覺 天上之穀 晝夜不息 勤農作業 一日三食飢餓死

三旬九食不飢生)

질문

하루에 세끼를 먹어도 굶어죽으나, 삼십일에 아홉끼만 먹어도 주림없이 산다는 부분을 설명해 주십시요.

석 정

모든 성인(聖人)과 예언자들의 예언 중에 중요한 하나는 대공황인데. 먹을 것이 없어 고생하는 시기를 예견했습니다.

인체의 3단전(丹田) 중, 중단전(가슴) 시스템이 완성되면 우주 에너지의 흡입을 통하여 3일에 한끼만 먹어도 허기를 느끼지 않는다는 것을 설명한 것입니다.

질문

선도수련(仙道修練)은 심신수련보다도 더 큰 존재 차원의 수련이군요.

석 정

………

이러한 원리가 세상에 빨리 알려져야 하는데 걱정입니다.
〈격암유록〉 은비가에 다음과 같은 내용이 있습니다.

삼풍의 묘한 이치를 세상사람들은 믿지않는구나.
하루에 세끼를 먹어도 굶어죽는데
삼풍의 진리를 사람마다 깨달으면
세계인류는 굶주리는 일이 없도다.
(三豊妙理人不信 一日三食飢餓死 眞理三豊人人覺 天下萬民永不飢)

※ 사람들의 무지(無知)를 개탄한 내용입니다.

〈격암유록〉 칠두가에 다음과 같은 내용이 있습니다.

하늘소가 밭을 갈아 영생의 곡식을 심고

소의 울음소리 가운데 김을 매어 감로여우 호흡시에
날이가고 달이 갈수록 스스로 자란다.
북두칠성의 농사는 밭없이 획득이요
십년 농사지어 천년만년 먹는다.
(天牛耕田밭을갈아 永生之穀심어놋코 牛鳴聲中除耨하야
甘露如雨呼吸時에 一就月將自長下 寺畓七斗此農事는
無田庄이 獲得이요 不久世月十年之農 萬年食之又千萬年)

질 문

하늘소는 무엇을 의미합니까?

석 정

소는 깨달음을 상징하고 기(氣)를 의미합니다. 그래서 옛 선
인들은 깨달음을 소의 울음소리를 듣는다고 표현한 것입니다.
불가(佛家)에서 말하는 십우도(十牛圖)도 같은 맥락입니다.

질 문

감로(甘露)와 여우(如雨)는 무슨 뜻입니까?

석 정

감로(甘露)는 달콤한 이슬이고, 여우(如雨)는 비같이 내린다
는 것을 의미합니다. 결국 기운이 인체에 들어와 일어나는 작
용을 말한 것입니다.

질 문

10년 농사라고 했는데, 10년동안 수련하면 완전히 끝납니까?

석 정

제 자신이 6년간의 수련을 통해 체득한 느낌으로는 더 빠를 수도 있다고 봅니다. 사람마다 개인의 차이가 있습니다. 자질, 노력, 성격, 순수성, 사명감 등에 의해서요...

〈격암유록〉 석정가에 다음과 같은 내용이 있습니다.

생명수 샘물이 출렁출렁 온천하에 다 통하리.
악독하고 사악한 기운도 흡수하고
어떠한 사람도 이 샘에 오면 죽지 않으리.
이로움이 하늘의 우물인 석정수에 있으니
한 번 마시면 수명을 늘리고 마시고 또 마시면
불사 영생하는 샘일세.
(生命水샘물이 出瀧出瀧원 天下萬國에 다通下 毒惡砂氣運
吸受下者라도 此샘에오면 不喪이요, 利在石井天井水는
一次飮之延壽이요, 飮之又飮連飮者는 不死永生此泉일새)

질 문

석정수(石井水)는 무슨 뜻입니까?

석 정

기운이 체내에 들어와 액화되는 것을 의미합니다.

질 문

선호(仙虎)가 석정(石井)인데 무슨 관련이라도 있습니까?

석 정

고명한 분으로부터 5년전(1991년)에 석정(石井)이란 선호를 받았는데, 〈격암유록〉과는 큰 인연을 느낍니다.

〈격암유록〉 궁을도가에 안타까움과 권고의 내용이 있습니다.

생사옥문을 크게 열고 공덕수로 해갈시켜

천사가 보호하고 알려주는 소리 들리니

고해에 빠진 중생들은 빨리오소.

무성무취 상제님은 귀천을 가리지 않고 다 오라 하시네.

부를 적에 속히 오소. 늦으면 후회하고 통탄하리.

일가친척 부모형제 손목잡고 같이 오소.

우리주님 강림할 때 영접해야 아니되나.

(生死獄門大開하고 功德水로 解渴식켜 天使警報號甲聲에

苦海衆生 빨리오소. 無聲無臭上帝님은 厚薄間에 다오라네.

부를적에 속히오소 晚時後悔痛歎하리. 一家親戚父母兄弟

손목잡고 갓치오소. 우리주님 강림할제 영접해야 안이되나)

질 문

천사(天使)는 무엇을 의미합니까?

석 정

사람에게는 누구나 태어나면서 부터 보호해주는 영(靈)이 있습니다. 이것을 보호령, 또는 수호령이라고 하지요. 수행이 깊어지면 보호령과 교신할 수 있고, 영급(靈級)이 높아지면 더 큰 보호령이 내려옵니다.

질 문

신앙의 한계는 행동으로 연결되지 않는 것이 문제인데, 이 부분에 대한 언급도 있습니까?

석 정

〈격암유록〉 삼풍론에 다음과 같은 기록이 있습니다.

제 1풍은 불이 하늘로 오르니 악이 선으로 변하는 곡식이요
제 2풍은 구름없이 내리는 진짜 비에 심령변화가 일어나는 곡식이요
제 3풍은 이슬이 있어 진정한 이슬이니 탈겁중생하는 곡식이라.

(第一豐에 八人登天 惡化爲善一穀이요,

第二豐에 非雲眞雨 心靈變化二穀이요,

第三豐에 有露眞露 脫劫衆生三穀이)

※ 원문의 팔인(八人)을 합하면 화(火)가 됩니다.

질 문

제 1풍의 현상을 설명해 주시지요.

석 정

1풍은 하단전(아랫배) 시스템의 완성을 의미합니다. 선도(仙道)에서는 정(精)이 충만해졌다고 하지요. 정(精)은 정력을 의미합니다. 정력이 충만해야 사람들에게 기쁨을 줄 수 있는 것입니다.

정력이 부족하면 신경질적이고 짜증이 심하며 인내심이 없어집니다. 부부생활도 마찬가지 입니다. 그것을 사람들은 정(精)이 떨어진다고 합니다. 정(精)이 충만해야 매사에 긍정적으로 변합니다. 그래서 악이 선으로 변하는 곡식이라고 설명한 것입니다.

질 문

제 2풍의 현상에 대해서도 설명해 주시지요.

석 정

제 2풍은 중단전(가슴) 시스템의 완성을 의미합니다. 선도(仙道)에서는 기(氣)가 강해졌다고 하지요. 기운이 강해졌다는 의미도 있지만 어른스러워 졌다는 뜻도 됩니다. 중단전(中丹田) 시스템이 회복되었을 때 인체내에서는 큰 환희심이 일어나며, 연민의 정과 덕이 나옵니다.

그러면 가슴이 넓고 따뜻한 사람이 될 수 있습니다. 중단전

(가슴)이 개발되면서 큰 사랑의 마음으로 바뀌는 것을 설명했습니다.

질 문

제 3풍의 현상에 대해서도 설명해 주시지요.

석 정

3풍은 상단전(머리) 시스템의 완성을 의미합니다. 선도(仙道)에서는 신(神)이 밝아졌다고 표현하지요. 상단전(上丹田)이 개발되면 모든 의문이 풀려 존재의 비밀이나 실체(기의 세계)를 알 수 있습니다.

또한 우주의 근원적인 곳(자미원)과 연결되어 모든 정보를 제공받기 때문에 모든 의문이 사라지지요. 그 곳을 아카시퀸 레코드(우주 박물관)라고도 합니다. 이 단계에 이르는 것을 탈겁중생(중생에서 벗어남)했다고 표현하는 것입니다.

질문

지금까지 설명해 주신 것에 대해서 감사드립니다.

제 12장.
완성인간 — 정도령(正道令)

은하계의 근원자리인 자미원(紫微垣)!

그 곳의 기운과 연결된 사람, 상, 중, 하단전(丹田)의 시스템
이 완성되어 지고의 가치를 말하는 사람, 순수의식의 발현으로
인류애가 충만한 사람, 바른정신을 말하는 사람, 시간과 공간
의 개념이 없어지고 허공과 하나되는 고양된 의식으로 사는 사
람, 높은 도덕성과 밝은 양심과 무심(無心)을 말하는 사람, 측
은지심과 연민지정이 넘치고 심심정명(心心正明)의 바다와 적
멸보궁(寂滅寶宮)의 자리에 있는 사람, 무의식의 세계로 자유
로히 왕래를 하는 사람, 무상대도(無常大道)를 깨우친 사람,
상단전(上丹田) 조화궁에 법보단(法寶丹)이 형성된 사람, 개인
완성과 전체완성을 말하는 사람, 이런 분이 마자막 난세에 메
시아로 한국에 출현하는 것을 〈격암유록〉은 정도령(正道令)이

라고 묘사했다.

메시아를 메시아로 아는 것도 중요하지만 정말 중요한 것은 자신이 선도(仙道)수련을 하여 상, 중, 하단전(丹田)의 기능을 회복시켜 메시아가 되는 것이라고 생각한다.

질 문

정도령(正道令)에 대해서 다시 한번 설명해 주시지요

석 정

정도령(正道令)의 의미는 바른(正) 도(道)의 령(靈)이란 뜻입니다. 다시 말하면 고차원의 기(氣)를 의미하는 것이지요. 사람의 몸은 기(氣)를 담는 그릇입니다. 어떤 기운을 담느냐가 중요하지요. 고급기운을 담으면 고급사고(思考)인 이타적인 사고가 나오고, 저급기운을 담으면 저급한 사고인 이기적이고 욕망의 사고가 나오는 것입니다.

종교에서는 그것을 영혼이라고 표현합니다. 세상이 점점 혼탁해지고 인간성과 도덕성이 말살되는 것은 온갖 공해와 사람들이 뿜어내는 저급한 파장때문이지요. 사람들이 궁금해 하는 저승은 육체를 벗은 세계, 기(氣)의 세계입니다.

에너지의 법칙은 맑은 것은 뜨고 더러운 것은 가라앉습니다. 따라서 고급기운(영혼)으로 진화된 사람은 무엇을 신앙하든 관계없이 상승하게 됩니다. 다시 한번 언급하면 정도령(正道令)은 고차원의 기운으로 진화된 사람을 말하는 것입니다.

질 문

그런 사람을 어떻게 알 수 있습니까?

석 정

그것은 수행이 깊어져야 합니다. 수행이 깊어져서 뇌의 특수한 감각과 세포가 개발되어야 감지됩니다. 그 단계에 이르면 언어에 빠지지 않습니다.

기(氣)의 파장만 감지해도 상대의 기질(氣質)을 파악할 수 있습니다. 고명한 사람은 황홀하고 청량한 기운이 발생하고, 움직일 때마다 반경 100M안으로 거대한 고급 에너지의 장(場)이 형성됩니다.

업(業)장이 두터운 사람은 머리가 아플정도로 저급한 기운이 발생합니다. 그런 사람을 저질이라고 하는 것입니다.

질 문

그 정도에 이르면 참과 거짓을 구별할 수 있겠군요.

석 정

그렇습니다. 밝아져서 세상의 이치가 보이기 시작합니다. 그리고 어느 부분이 잘못되었는지도 통찰할 수 있습니다. 그러나 우리가 사는 세상은 청탁(淸濁)의 법칙이 지배하는 것이 아니라 강약의 법칙이 지배하기 때문에 진리는 참으로 숨을 쉬기 어려우며, 진리를 펼 때에도 강한 힘을 동반하지 않으면 실패로 돌아가기가 쉽습니다. 역대 성인(聖人)들이 고생한 것도 그런 이유때문입니다.

그래서 영적진리에 밝아진 사람이 한두명, 혹은 백명, 이백명 나와서 되는 문제가 아니라, 밝은 사람들이 대단위로 나와야 되며 지금은 또 그러한 시기입니다.

지구촌 곳곳에서 새로운 자각의 혁명이 일어나고 있습니다. 기(氣)를 통한 인간관계를 다룬 「천상의 예언」이란 책이 미국에서 슈퍼 베스트셀러가 되었고, 서구에서는 명상을 통해 자아를 찾는 「뉴 에이지 운동」이 크게 일어나는 것들이 모두 그런 징조라고 할 수 있습니다.

다시 한번 강조하면 부처가 수백명이 나오고, 예수가 수백명이 나와도 지구촌을 바꿀 수는 없습니다. 바꿀 수 있는 것은 철학이나 원리 즉, 큰 정신이 나와야 합니다.

질 문

정도령(正道令)은 정씨가 아니라는 말씀이지요?

석 정

〈격암유록〉 초장에 다음과 같은 내용이 있습니다.

정씨 정씨하는데 무엇이 정씨인가?
성도 모르고 후예도 없으며
일자(一)를 종횡(十)한 것이 진짜 정씨이다.
진인 진인하는데 누가 진인인가?

천하의 일기(一氣)를 받아 재생한 사람이며
해인을 자유롭게 사용하는 분이 진인이라.
(鄭氏鄭氏何鄭氏 滿七加三是鄭氏 何姓不知無裔後 一字縱橫眞鄭氏
眞人眞人何眞人 天下一氣再生人 海印用使是眞人)

※ 일자(一)를 종횡한 것은 십(十) 즉, 인간완성을 이룬 사람
을 의미합니다. 자미원(紫微垣)의 기운과 통하고 이 기운을 마
음대로 쓰는 사람이라고 설명했습니다.

질 문

〈격암유록〉에 기록된 정도령(正道令)에 대해서 설명해 주시
지요.

석 정

〈격암유록〉 세35에 다음과 같은 내용이 있습니다.

서쪽의 기운이 동쪽으로 와서 구세주인 진인이 나온다.
하늘에서 나와 감나무로 변한 성군이라.
하늘 사람이 출세하여 중생을 구하니
그 때는 소경이 눈을 뜨고 귀머거리가 들으며
벙어리가 노래하고 반신불수가 일어서며
광야에서 샘이 솟고 사막에서 물이 흐르는 것과 같은
기적이 일어나리.

(西氣東來救世眞人 天生化枾末世聖君 天人出豫民救地其時閉日忽開

聾耳口亞聽吹吹歌 半身不隨辰仲脚 廣野湧出沙漠流)

질 문

감나무는 무엇을 말하는 것입니까?

석 정

인간완성을 이룬 사람을 말합니다. 〈격암유록〉에서는 목인(木人), 궁궁인(弓弓人), 삼풍인(三豊人)으로 표현했습니다.

〈격암유록〉 석정수에 다음과 같은 내용이 있습니다.

하늘에서 낳은 성이 정도령이요

세상에서 거듭나니 정씨왕이라.

한일(一)을 종횡(十)한 목인의 성씨인데

세인들이 마음을 닫으면 영원히 못 깨우치리.

(天生有姓鄭道令 世間再生鄭氏王 一字縱橫木人姓 世人心閉永不覺)

질 문

하늘은 무엇을 의미합니까?

석 정

자미원(紫微垣)을 의미합니다. 은하계의 근원자리인 그 곳에서 기운이 생성되어 우주는 기의 청탁(淸濁), 즉 순도에 의해서 층을 이룹니다. 불행히도 우리가 살고있는 지구의 에너지

장은 아주 저급합니다. 사람들은 진화가 미흡해서 진리의 역사가 아니라 힘의 역사가 이루어 진다고 볼 수 있습니다.

다시 한번 설명하면 하늘은 고순도의 에너지가 모인 곳이라고 설명할 수 있습니다. 에너지는 허공을 통하여 층을 이루며 연결되지 않는 곳이 없기 때문에 성경에 무소부재의 하느님이라고 한 것입니다.

질 문

그러면 하느님은 기(氣)를 의미합니까?

석 정

굳이 표현하자면 고급에너지를 말합니다. 그것은 인간이라는 표현기관을 빌려 의지를 나타내지요. 그래서 고급에너지와 접촉되어 고순도의 에너지가 체내에 축척되면 사람들의 행복과 영혼의 성장에 도움을 주는 것입니다. 평화, 사랑, 정의, 조화 등과 같은 가치로 표현되지요.

질 문

마귀는 무엇을 의미합니까?

석 정

그것은 저급한 기(氣)를 의미합니다. 저급한 기운이 축척되어 있는 사람과 연결되어 저급한 사고로 의지를 표현합니다. 전쟁, 파괴, 폭력, 투쟁, 부조화와 같은 행위로 나타나며 그런

사람은 이기적이며 피해의식이 많고, 권위적이며 사람들을 지
배하려고 합니다. 또한 자신의 울타리만 최선이고 다른 것은
배타하지요.

질 문

사람은 사랑의 실천도 하고 이기적이기도 한데, 하느님과 마
귀가 공존하기 때문에 그렇군요.

석 정

어떤쪽으로 노력하느냐에 따라 인생은 승화될 수도 있고 타락
할 수도 있습니다. 사람들에게 행복을 주는 방향으로 가치를
두고 노력하는 사람이 있는가 하면, 자신의 욕망을 위해 남에
게 상처를 주는 사람이 있지요.

그래서 어떤 사람을 만나느냐, 어떤 교육을 받느냐는 아주
중요한 것입니다.

질 문

역대 성인(聖人)들은 하늘과 하나된 사람들이었군요.

석 정

그렇습니다. 하늘의 순수에너지가 체내에 쌓인 사람들이라고
할 수 있지요. 순수의식과 전체완성의 꿈을 실현하다가 가신
분들입니다.

예수님의 "나는 알파요 오메가다" 라는 말씀과 부처님의 "천

상천하 유아독존" 이라는 말씀, 공자님의 "아침에 도를 통하면 저녁에 죽어도 좋다" 라는 말씀, 증산 선생의 "상제"라는 표현 등은 모두 같은 맥락의 의미라고 할 수 있습니다. 모두 천인합일(天人合一) , 만법귀일(萬法歸一)입니다.

질 문

종교와 사상의 다툼은 근본을 보는 것이 아니라 방편 때문에 싸우는 것이군요.

석 정

정말 안타까운 일입니다. 예수님과 부처님이 싸우는 형국이고, 알라와 여호와가 다투는 격이지요. 지구촌을 다녀가신 성인(聖人)들이 천상(天上)에서 통곡하고 계실겁니다.

질 문

사상과 종교를 초월하여 인간의 본성을 밝히는 문화운동이 요구되는군요.

석 정

급합니다. 저에게도 다급하다는 메시지가 계속 오고 있습니다. 이것을 알 수 있는 자각이 일어나기 때문에 어떤 시련이 와도 갈 수 밖에 없지요.

답답하고 걱정이 되어 자다가도 뻘떡 일어납니다. 수행을 통하여 영적진리를 체득하고 평화를 얻지만 사명에 대한 책임도 강하게 느끼는 것은 영적진화를 이룬 반대급부인 것 같습니다.

질 문

〈격암유록〉에서 정도령에 관한 내용을 더 설명해 주시지요.

석 정

〈격암유록〉 은비가에 다음과 같은 내용이 있습니다.

진인의 병사가 접전하는데 세인들은 모르도다.

마귀는 많이 죽고 혼이 떠난 인생들 슬퍼할 일이로다.

(兵事兵事眞人兵 世人不知接戰時 多死多死鬼多死 魂去人生悵心事)

※ 고명한 사람의 기운을 받아 저급한 기(氣)를 제거하는 내용입니다.

질 문

혼(魂)은 무엇을 의미합니까?

석 정

하늘을 담는 그릇이고, 순수의식이라고도 표현할 수 있지요

질 문

만법귀일에 관한 부분은 없습니까?

석 정

〈격암유록〉 은비가에 다음과 같은 내용이 있습니다.

팔만대장경 중에도 미륵이 해인을 가지고 출세하며

다섯수레 분의 책인 역경에서도

해인을 가진 정도령이 자하도에서 출현하며

척유상불한 도덕경에도 한반도에서 생미륵이 강림한다 했는데

이 분이 미륵 상제 정도령(正道令)이라.

말운에 셋이 합하여 하나로 오도다.

(八萬念佛藏經中　彌勒世尊海印出　五車時書易經中　海中道令紫霞出

　斥儒常佛道德經　上帝降臨東半島　彌勒上帝鄭道令　末復三合一人定)

※ 진리는 둘이 아니라는 부분을 강조한 내용입니다.

〈격암유록〉 세44에 다음과 같은 내용이 있습니다.

후예가 없는 혈손이 정인데

무슨 성인인지도 모르고 어떻게 온 지도 모르도다.

정은 하늘의 기운으로 풍운조화를 부리는 왕이다.

금일에 다시오는 정씨 왕은 이 세상에서 신출귀몰한데

그를 따르는 순수한 사람이 인산인해를 이루리.

(無後裔之血孫鄭　何姓部知何來鄭　鄭本天上雲中王　再來今日鄭氏王

神出鬼沒此世上 擇之順人人山人海)

　　종파나 사상의 방편에 빠지지 말고 본성을 찾는데 노력하라
고, 〈격암유록〉 격암가사에는 다음과 같은 내용이 있습니다.

마음 속에서 기쁨을 구하는 사람들아
이 길 저 길 분주히 찾지 말고 양심진리 찾아보소.
하늘 사람과 같은 이치인 십인장을
세상도 모르고 사람도 모르도다.
(要訴人心四覽들아 이길저길 분주말고 良心眞理찾아보소
天人同道十人將을 世不知而人不知라)

질문
십인장(十人將)은 무슨 뜻입니까?
석 정
완성인간을 의미합니다.
〈격암유록〉 농궁가에 다음과 같은 내용이 있습니다.

불아종불 십승인은 만인이 고대하던 진인이라.
후예가 없는 정도령은 어떤 성인지 모르는 바른 도로 왔네.
무극세계의 천상왕이 사주팔자를 받고
태극세계의 정씨왕으로 태어나 수신제가하고

심오한 원리를 깨친 후 석숭공과 같은 대복가로

만인을 먼저 구제하고 동방삭이 수를 누리는 것처럼

천년만년 살으리.

(불亞悰天十數之人 萬人苦待眞人이라. 無後裔之鄭道令

何姓不知正道來 無極天上雲中王이 太極再來鄭氏王은

四柱八字天壽生이 修身齊家한 然後에 遠理遠理자던잠을

深理奧理깨고난後 石崇公의 大福家로 萬人救濟먼저하고

東方朔의 延年益壽千年萬年살고지고)

질문

무극세계는 무엇을 말합니까?

석 정

우주에는 두개의 세계가 있습니다. 하나는 형상화 되지 않은 세계인 기(氣)의 세계, 영혼의 세계입니다. 두번째는 형상화된 세계인 물질계 또는 육체의 세계라 하여 태극세계라고 합니다. 결국은 이 두개의 세계도 말로만 틀릴 뿐이지 기(氣)의 차원에서 보면 하나입니다. 물질과 비물질은 기(氣)의 밀도와 성분의 차이만 있기 때문입니다.

전체를 통털어 「한」이라고 하지요. 그래서 「한정신」이란 전체를 의식하는 정신입니다. 기(氣)의 세계와 물질계를 연결하는 사람을 도인(道人)이나 무속인이라고 하지요. 다만 도인(道人)은 고차원의 기운과 의식에 연결되어 큰 철학과 정신이 나오고 무속인은 영급(靈級)에 따라 차이는 있지만, 길흉화복을 봐주는 차원으로 자아를 표현합니다.

도인(道人)에게 연결된 의식과 기운과는 큰 차이가 있지요. 성직자라는 개념은 기(氣)의 세계와 물질계를 연결하는 사람입니다. 옛 경전에 나오는 제사장도 하늘과 사람을 연결하는 사람들이였습니다. 그러나 근래에는 진정한 성직자를 찾기가 어렵습니다.

질문

근래에는 진정한 성직자를 찾기가 어렵다고 하셨는데, 근거는 어디에 있습니까?

석 정

수도(修道)와 명상이 조금씩 깊어지면서 사람을 대면하면 상대방의 기(氣)의 강약과 청탁(淸濁)이 느껴집니다. 많은 성직자를 만났지만 일반 사람과 별로 차이가 없었습니다. 인체의 혈(穴)은 다 막혔구요. 혈(穴)이 막혔는데 기(氣)의 세계와 연결될리가 없지 않습니까?

질 문

수련을 통해서 혈(穴)이 열리면 물론 좋은 기(氣)도 들어가지만, 나쁜 기(氣)도 들어가지 않습니까?

석 정

그래서 바른원리의 정립과 지도하는 사람이 훌륭해야 하는 것입니다. 저급한 기(氣)는 제거하고 고차원의 기(氣)를 연결시켜야 하니까요.

그래서 어느 정도 체내에 기운이 쌓이면 저항력이 생겨서 저급한 기(氣)가 침범할 수 없습니다. 그 단계에 이르면 다른 수련자에게 도움을 줄 수도 있습니다.

질 문

사람은 태어나면서 사주팔자를 타고 태어난다는데, 그러면 운명은 정해진 것입니까? 정해졌다면 바꿀 수는 없습니까?

석 정

두가지 측면이 있습니다. 팔자라는 것은 정보이고 인과응보의 결과입니다. 염색체라고도 할 수 있습니다.

그래서 전생에 공덕을 많이 쌓았으면 좋은 정보인 좋은 운명을 갖고 태어나고, 그렇지 않으면 고난을 겪도록 태어납니다. 업(業)이라고 하지요.

그러나 어떤 운명이건 자신의 의지에 따라 영적진화를 할 수 있습니다. 중요한 것은 영적진화의 측면입니다. 이 부분에 있어서는 어떤 사람이든 공평합니다. 영적으로 진화될 때 운명이 바뀝니다. 즉 기질(氣質)이 바뀔때 운명이 호전되는 것입니다.

그래서 성인(聖人)들도 육체를 받고 나올 때는 사주를 받아

평범하게 살다가 내부에서 영적자극이 일어나면 수행을 통해서 우주의 질서와 법칙과 원리를 깨닫고 성인(聖人)으로서 사명을 다합니다. 운명이 바뀌는 것입니다.

질 문

물질적인 측면에서의 운명을 설명해 주십시오.

석 정

물질적인 측면에서 운명은 별로 바뀌지 않습니다. 사람은 태어날 때 그릇과 운(運)을 갖고 태어납니다. 선택에 의하여 직업은 변할 수 있지만 그릇과 운(運)은 바꾸기 어렵습니다.

질 문

사람은 왜 세상에 태어나는 것입니까?

석 정

영적진화를 하기 위해서 입니다. 어떤 직업을 가지고 어떻게 살든지 거기에는 깨우침이 있고 진화의 법칙이 있습니다. 그래서 도(道)가 없는 곳이 없다고 하는 것입니다. 그러나 고명한 분의 인도와 가르침이 없이는 속도가 너무 느리고 시행착오도 많습니다.

사람의 존재가치가 영적진화라는 인식을 모든 사람이 보편적으로 할 때, 지구상의 문제는 모두 해결됩니다. 정치, 경제, 교육, 문화, 제도, 범죄 등 모든 부분에 있어서 말입니다.

제 13장.
인류의 시련을 이기는 대안

많은 선지자들이 20세기말의 환란에 대해서 예고했다. 〈격암 유록〉에서는 시련에 대비하여 이겨낼 수 있는 대안을 자미원 (紫微垣)의 기(氣)를 만나, 선도수련(仙道修練)을 통하여 3단전(丹田) 시스템을 완성시켜 높은 정신세계의 확립과 지고의 도덕성을 갖추라고 제시했다.

또한 이것은 우주의 시간대에 부응하는 것으로 새로운 질서의 세계로 들어갈 수 있는 준비를 하는 것이다. 좀더 구체적으로 인류의 시련에 대해 설명하면 선지자들이 예견한 어려움은 크게 대공황에 따른 기아, 이름모를 바이러스에 의한 질병, 3차대전 등 세가지로 요약된다.

하단전(下丹田) 시스템이 완성되면 극강(極强)의 면역성과 자연 치유력이 생긴다. 이것이 이름모를 바이러스와 괴질에 대한 대안이다.

중단전(中丹田) 시스템이 완성되면 우주에너지의 흡입으로 땅에서 생산되는 음식을 먹지 않아도 크게 지장이 없어서 3일에 한끼만 먹어도 허기를 느끼지 않는다. 이것이 대공황에 따르는 기아에 대한 대안이다.

전쟁에 대한 대안은 어려운 시기에 수도(修道)생활을 하는 특별한 장소가 있다. 십승지(十勝地)라고 하는데, 아직 밝힐 시기가 아니며 제 20장에서 상세히 설명하고자 한다.

또한 〈격암유록〉에서 제시하는 대안은 수승화강(水昇火降)의 원리이다. 인체의 3단전(丹田)이 완성되면 심장에서 발생하는 화기(火氣)는 임맥(任脈)을 타고 하단전(下丹田)으로 내려와 뜨겁게 작동하면서 인체에 발생하는 모든 저급한 기(氣)를 태워 정화시킨다. 신장에서 발생하는 수기(水氣)는 독맥(督脈)을 타고 상단전(上丹田)으로 올라가서 머리를 항상 시원하게 식혀준다. (그림 13-1)

수승화강(水昇火降)이 완전하게 이루어진 사람을 진인, 신불(神佛), 그리스도, 군자, 정도령(正道令), 메시아 등으로 표현하며 인간완성을 이룬 성인(聖人)을 의미한다.

〈격암유록〉에서는 새로운 우주 시간대의 진입을 위해서는 수승화강(水昇火降)의 원리를 통해서 완전한 도덕성과 인격을 갖춘 성인(聖人)이 되라고 제시했다.

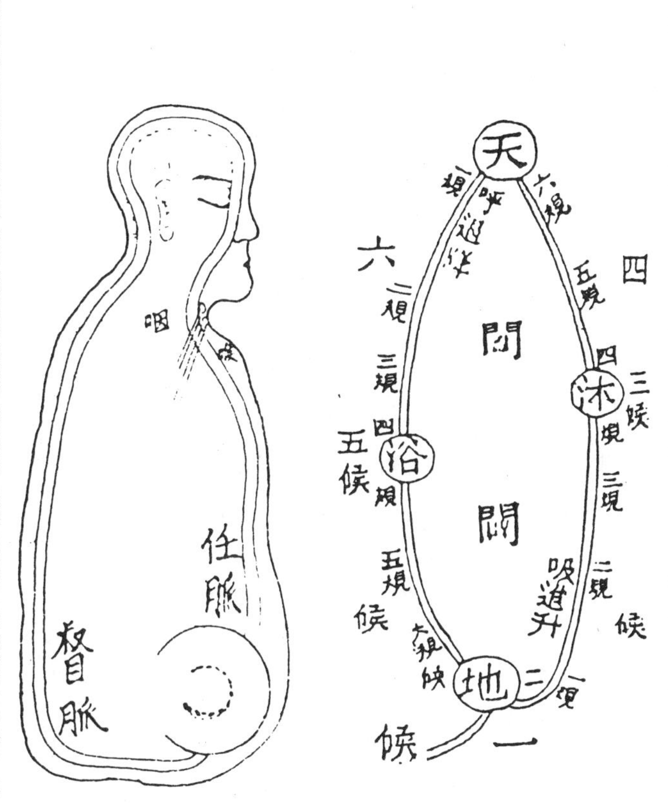

(그림 13-1) 인체의 에너지 회로인
임맥(任脈)과 독맥(督脈)

질 문

시련을 이기는 대안을 매우 구체적으로 언급해 주셨는데, 결국 성인(聖人)이 되라는 뜻입니까?

석 정

그렇습니다. 새로운 시대는 고도로 진화된 정신과 도덕성을 요구합니다. 왜냐하면 인간의 내부의식 속에 저급한 정보, 예를 들면 공격, 파괴, 양면성 등이 존재하고 과학은 고도로 발달하고 있으니 지구는 불을 보듯 뻔합니다.

일개 범죄단체나 개인이 핵을 보유하는 시기가 올것이기 때문입니다. 지금의 지구인의 의식으로는 과학이 발달하면 할수록 점점 위험해 집니다. 고도의 과학문명이 오기 전에, 정신을 밝히고 도덕성을 높이는 수행방법이 오는 것은 섭리라고 할 수 있습니다.

질 문

그러면 성인(聖人)으로 거듭난 사람이 아니면 죽게 됩니까?

석 정

천체운행의 법칙에 의하여 지구는 고급에너지의 장으로 변화되는데, 그것을 개벽이라고 합니다. 고급에너지의 장 속으로 들어가려면 순수한 기운이 필요합니다. 미꾸라지가 우물에서 살지 못하는 이치와 마찬가지입니다. 저급한 영혼은 순수에너지로 들어갈 수 없습니다.

생사(生死)가 문제가 아니라 크게 진화하지 못하는 것이 문제입니다. 그렇게 되면 은하계 어디선가 자기가 들어갈 수 있는 수준의 육체를 받아 또다시 윤회하면서 또 진화하는 과정을 겪게 되겠지요....

질 문

많은 선지자들이 공통적으로 괴질에 대해 말씀하셨는데, 어떤 차원의 바이러스입니까?

석 정

현재 메스컴에서도 에이즈와 에볼라에 대해 언급하고 있지만, 독성이 강한 바이러스가 성행위나 접촉을 통해서 퍼지는 정도를 넘어서 공기 중으로 전염되어 창천하게 될 것입니다.

질 문

대안은 아랫배(하단전)에 고차원의 에너지를 쌓는 것입니까?

석 정

그렇습니다. 선도수련(仙道修練)을 통하여 수행이 깊어질수록 자기방어 능력과 자연 치유력이 극대화 됩니다. 감기같은 것도 잘 안걸리게 되지요.

질 문

〈격암유록〉에 기록된 부분을 설명해 주시지요.

석 정

〈격암유록〉 농궁가에 다음과 같은 내용이 있습니다.

보고도 맛을 모르는 사람은 천지개벽시 어떻게 재앙을 면하리.
소 울음 소리 나는 성산성지는 영원히 변치않는 안심처이다.
(凡觀無味不知人 天地開闢何能免 聖山聖地牛鳴地 萬世不變安心處)

질 문

성산성지(聖山聖地)는 무슨 뜻입니까?

석 정

성스러운 곳은 천궁(天宮), 즉 자미원(紫微垣)을 말합니다.
그 곳의 기운과 연결되는 인체의 3단전(丹田)도 같은 의미라고
할 수 있습니다.

질 문

결국 자미원(紫微垣)의 기(氣)를 통한 선도수련(仙道修練)을
해서, 인체의 단전(丹田) 시스템을 완성시키라는 의미군요.

석 정

〈격암유록〉 가사총론에 다음과 같은 내용이 나옵니다.

전쟁의 큰 바람이 홀연히 일어나
서로 밟고 짓밟히며 슬피 울고 통곡하니 안심못할 세상일세.

닦을 수(修)와 쌍궁아소.

도를 구하는 군자들아 완성의 복된 땅이 궁을일세.

도를 모르는 큰 병에 걸린 자들아,

불사를 이루는 해인이 나왔다네.

(戰爭大風忽起하야 自相踐踏昊哭聲에 安心못 世上일세

三人一夕雙弓알소訪道君子修道人아 十勝福地弓乙일세

無道大病걸인者들 不死海印나왔다네)

※ 원문의 三人一夕을 합하면 닦을 수(修)가 됩니다.

질 문

궁을(弓乙)을 다시 한번 설명해 주시지요.

석 정

궁(弓)은 기운이 체내에 들어오는 형상을 상형화한 것이고, 을(乙)은 북두칠성의 형상을 상형화한 것입니다. 궁궁(弓弓)은 완성을 나타내는 십(十)을 의미하고, 을을(乙乙)역시 완성을 나타내는 십(十)을 의미합니다.

질 문

해인(海印)에 대해서도 다시 한번 설명해 주시지요.

석 정

완성된 혼들이 모여있는 자미원(紫微垣)에서 오는 은하계의 가장 고급에너지를 말합니다. 이 에너지가 체내에 응집되어 결정된 내단(內丹) 역시 해인(海印)이라고 할 수 있습니다.

질 문

그러면 역대 성인(聖人)들과 연결된 기운입니까?

석 정

물론입니다. 예수님은 성령이라 하셨고, 부처님은 법우(法雨)라 하셨습니다. 우리 민족의 상고사에도 환웅천황께서 하늘로부터 천부인(天符印)을 받아 신시(神市)를 열었다는 기록이 있습니다. 그 문화가 단군47대까지 연결되었습니다. 이렇게 모두가 하나인 것입니다.

질 문

성인(聖人)들과 예언자들이 전쟁에 대해 언급했는데, 어떤 전쟁이 예견되십니까?

석 정

이데올로기는 무너지고 점점 국경과 사상도 동화되는 지구촌의 개념이 다가오고 있습니다. 그러나 종교만은 화합하지 못하고 있으니 걱정입니다. 종교전쟁이 예견되는데 신앙인들의 각성이 크게 요구됩니다.

인류의 어려운 시기에 선도문화(仙道文化)와 자미원(紫微垣)의 기(氣)가 담긴 물품들이 전세계로 전파 보급되는 내용이 〈

격암유록〉 가사총론에 있습니다.

악한 질병으로 많은 사람들이 죽는 것을 면하게 하려고
전세계 바다의 항로길을 열어 하루밤에 천척의 배가 출항할 때
한강물을 실어가며 십승물품을 해외로 수출하리.
(惡疾多死免하랴고 全世騷動海運開로 一夜千壽出航時에 漢江水를
  시러가며 十勝物品海外出을)

그러나 많은 사람들의 무지와 불신으로 이러한 진리를 깨우
치지 못하고 있기 때문에, 암울한 세상의 도래를 〈격암유록〉
말중운에서는 이렇게 기록했습니다.

작은 집착으로 인하여 날으는 불이 떨어지니
조상이 천명이나 후손은 하나밖에 못사는 비참한 운수로다.
괴상한 기운으로 중한 병에 걸려 죽으며
울부짓는 소리가 연이어 그치지 않으니 과연 말세로다.
이름없는 괴질은 하늘에서 내린 재난인 것을…
그 병을 치료할 수 있는 진법인 수승화강을 모르니
병으로 앓아 죽은 시체가 산과 같이 쌓여
계곡을 메우니 길조차 찾기 힘들더라.
(小頭無足飛火落에 千祖一孫極悲運을 怪氣飮毒重病死로
  哭聲相接末世로다 無名急疾天降灾에 水昇火降모르오니

積尸如山毒疾死로 塡於溝壑無道理에)

질 문

원문의 소두무족(小頭無足)은 무슨 뜻입니까?

석 정

불교용어인데 이기, 아집, 집착이란 뜻입니다.

질 문

수승화강(水昇火降)에 대하여 한번 더 설명해 주시지요.

석 정

인체내의 정상적인 기적(氣的)작용을 말합니다. 3단전(丹田)
시스템이 완성되어야 완전한 수승화강(水昇火降)이 됩니다. 그
리고 이것은 건강한 육체, 심신의 안정, 감정의 통제, 고양된
의식으로 나타납니다.

제14장.
진리에 눈뜨지 못하는
사람들

〈격암유록〉에서 제시한 인간완성의 원리와 시련을 이기는 대안을 설명했다. 다시 한번 강조하자면 은하계의 중심인 가장 신성하고 고차원의 기운이 있는 자미원(紫微垣)의 기(氣)를 통하여 선도수련(仙道修練)을 하고, 인체에서 신성(神性)이 숨어 있는 3단전(丹田)을 완성하는 것이다.

〈격암유록〉에서는 선도문화(仙道文化)의 보급과 더불어 기존의 정신세계를 추구하는 단체와 사람들의 방해, 물질적 욕망의 세계에서 벗어나지 못하고 오히려 진리를 추구하는 사람들을 비웃는 형태, 수련을 하다가 한계에 부딪쳐 자신의 관념과 기준으로 평가하고 돌을 던지는 사람들, 또 보이는 세계만 인정하고 보이지 않는 기적(氣的), 정신적 세계를 이해하지 못하는 과학자, 학자, 언론인, 작가들의 사고(思考), 새로운 정신문화에 눈뜨지 못하고 종교적인 교의와 관념에 빠져 내세적인 바램만 추구하며 진정한 인도(人道)를 잃어버린 신앙인들, 정신세계를 알기에는 너무 의식상태가 낮은 사람들 등에 대한 개탄과 우려를 나타냈다.

석 정

물질세계와 욕망을 추구하면서 황금만능주의의 관념을 버리지 못한 사람들에 대한 개탄은 〈격암유록〉 초장에 기록되어 있습니다.

소의 울음소리 들리는 길지에서 십승을 찾으라.
선각자들이 세상에 예언했건만 사람들은 깊은 잠에 빠지고
돈에만 눈이 어두워 진실인지 아닌지를 생각하지 않는구나.
호사다마로다.
(牛鳴十勝尋吉地 先覺之人豫言世 昏衢長夜眼赤貨
人皆不思眞不眞好事多魔此是日)

※ 소의 울음소리는 깨달음을 상징합니다.

〈격암유록〉 생초지락에 또 다음과 같은 내용이 있습니다.

소반에서 네모 서리가 떨어져 나간(▦) 완성의 진리인데,

황금만능과 물적아집이 스스로를 죽이는구나.

궁궁(弓弓)을 누가 알고 지킬 것인가?

세상 사람들은 금전을 가르켜 못할 것이 없는

천하장사로 아는구나.

(落盤四乳弓乙理 槃錢世界紙貨運 小頭無足殺我里 弓弓矢口誰知守

世人自稱金錢運 天下壯士未能覺)

※ 소반(口)에서 네모서리가 떨어져나간 형상은(▦) 완성을 나타내는 십(十)을 의미합니다.

〈격암유록〉 생초지락에 또 다음과 같은 내용이 있습니다.

방방곡곡 재물에 빠진 사람들이 하늘의 선법을 알까?

해와 달이 어느 산이라고 비추지 않는 곳이 없지만

구름 위에 하늘 높이 솟은 봉우리에 먼저 비친다.

(坊坊曲曲惟物處 世人不知天上仙 日月何山不照處 高出雲霄照最先明)

질 문

구름위에 솟은 봉우리에 먼저 비친다는 의미는 무엇입니까?

석 정

진리를 찾고 노력하고 정진하는 사람에게 기회가 주어진다는

의미입니다.

〈격암유록〉 생초지락에 남사고(南師古) 예언서의 권위에 대해 언급했습니다.

이 책이 밝히는 바를 바로 안다면 가문의 복이요
이해 못하면 복이 없는 집안이다.
이 말씀은 하늘의 말씀이 아닌 것이 없을 터인데
누가 감히 이 책을 만들어 전했는가?
(知解此書有福家 未解此書無福家　此言不中非天語 是誰敢作此書轉)

〈격암유록〉 은비가에서는 사람들의 선도(仙道)와 인간완성의 원리에 대한 신뢰성의 부족을 언급했습니다.

의심하여 마음을 정하지 못하고,
뜻있는 선비도 반신반의하도다.
세상에 알려지는 때는
새로운 하늘의 운이 도래하는 전쟁 때인가?
(未定未定疑心未 半信半疑有志士　可知四海知 新天運到化戰時)

〈격암유록〉 은비가에서 무지에 대한 통탄을 기록했습니다.

이 책을 보고도 깨우치지 못하는 자 매우 어리석다.

상하로 나누어 보면 상자는 탐관오리와 부자인데

부자는 돈우물에 빠져 몸을 건지지 못하고

양반들은 구태의연한 사고와 관념에 빠져 있다.

하자는 천기지기도 모르는 일자무식한이요

높은 사람을 쳐다보기만 하여

스스로 깨닫는 일에 시기를 놓치는 자라.

상하 모두 어리석은데 끝까지 움직이지 않으면

마음없음을 원망하리.

슬프다! 사람마다 깨달아라.

(觀覺此書 心不覺者下愚不移 上下分滅矣 上字之意

貪官汚吏富貴客 富不謨身沒貨泉 孔孟詩書旧染班

下字之意 牛往馬往一字無識 高人望見亦失時 出入從事不覺

上下兩人亦下愚不移 末動之事怨心矣　嗟乎哀哉人人覺)

〈격암유록〉 가사요에 다음과 같은 내용이 있습니다.

금수강산이 금길이요 추수의 운을 만나

서쪽의 기운이 동쪽으로 모이니 태고 이후 처음 맞는 선경이요.

전후무후한 중원국이 되니 마귀를 따르던 무리의

비웃음소리가 비로소 그치리.

(錦繡江山金街路 西氣東來金運回 太古以後初仙境 前無後無之中原鮮

從鬼魔嘲笑盡)

〈격암유록〉 조소가에는 다음과 같은 내용이 나옵니다.

어리석은 자를 믿어 천당을 간다는 광신도를 보라!

그리하면 천당은 금방 만원이 되어

못들어가니 어리석은 이 지옥행이요,

이를 믿지 아니한 현명한 자는 하늘로 비상하리.

 (見而狂信徒愚者 信去天堂人 今時滿員不入矣 終身愚人地獄

 不信智人飛上天)

〈격암유록〉 조소가에는 이런 내용도 있습니다.

칠성을 의지하고 따르는 이 하늘의 도움을 받으리.

그러나 세상 사람들은 얼마나 복을 받았냐며 비웃고

망녕들린 수도(修道)인이라 조소하리.

 (七星依側彼人 天佑神助 人我嘲笑而稱受福萬 嘲笑而不具 虛妄修道人)

〈격암유록〉 조소가에 또 다음과 같은 내용이 있습니다.

유흥장 출입보다 지혜있는 자 변소출입이 나으리라.

도인은 가사를 돌볼 줄 모른다며

하루 세끼가 어디서 생기냐며 광기를 부리는 부녀자들

나를 비웃으나 나도 저를 비웃으니

나중의 승리는 누구의 말에 있는가?

(場出入智人便所出入 道人不顧家事狂夫女 一日三食何處生

彼笑我我彼笑 終結勝利誰人言고)

〈격암유록〉 말운론에 다음과 같은 내용이 있습니다.

하늘의 은덕이 평등하게 내리니

무한한 가치의 큰 복을 배급하는 날이라.

밤낮으로 잠만 잔 이는 복을 못 받으리.

집집마다 복이 넘쳐 사람마다 기쁘고

괴로움을 겪고 극복한 이 큰 복을 받으나

이를 비웃은 이 역시 가소로운 운이다.

(折長報短千恩德 無價大福配給日 晝眠夕寐不受福 家家萬福人人溢

先苦克己受嘲人 是亦可笑之運也)

〈격암유록〉 정각가에서는 기존의 종교에 대하여 이렇게 권고
하고 있습니다.

정신을 차려 깨닫지 못하면 마음 없음을 원망하리.

지금은 마음을 조화로움으로 돌이킬 때요.

그러나 하늘의 말씀인 도덕을 세상은 잃었도다.

동서의 도와 교가 모여서 선경을 이루는데

말세에 이르러 유불선이 타락하여

선비라는 사람들도 보고도 깨닫지 못하니

쓸모없는 사람이라.

(不覺精神怨無心 還回今時心和日 天設道德忘失世 東西道敎會仙境

末世泊染儒佛仙 無道文章無用世)

〈격암유록〉 삼풍가에 다음과 같은 내용이 있습니다.

피눈물로 씨를 뿌려 놓은 것은

의를 이루기 위함인데 비웃음만 커졌구나.

하늘과 신에게 기도하여 추수를 이루는 것은

화우로 삼풍인데 일년지어 먹는 곡식은

하루에 세끼 먹어도 굶어 죽지만 십년농사 지은 곡식은

한달에 아홉번만 먹어도 장생하리.

(漏水血遺播種下 爲義嘲笑培養下 祈天禱神秋收下

火雨露人三豊이라 一年之農腐穀인가 一日三食飢餓死요

十年之農生穀인가 三恂九食不飢生을)

〈격암유록〉 격암가사에서는 선도수련(仙道修練)에 대한 권고가 강도 높게 기록되어 있습니다.

말많은 세상 사람들아 생명 예언 들어보소.

세상만사가 허무하니 깨달을 일만 있어라.
문장가, 호걸, 영웅, 재주 많은 사람들,
불우한 세월에서 잠깰 때요.
(語訴世上四覽들아 生命預言들어보소
　世上萬事虛無中에 깨달을 일만엇서라
　文章豪傑英雄之才 不遇歲月 잠깰때요)

산속에 들어가 도를 찾는 군자들아!
산사에 문이 열릴 때가 어느 세월인가?
아미타불 염불을 외는 도승들아!
흉사를 피하고 길사를 찾으려면
산에서 내려오라.
(人山方道 저君子들 山門열일 何歲月고 阿彌陀佛念佛道僧
　避凶推吉下山時라)

학식있는 유명한 사람과 영웅들로 인하여
과학이 열렸고 장부는 기계발달의 힘으로 된다 말하지만,
천문지리를 통달한 사람도 시기를 알지 못하고
말하지 못하면 통달치 못한 사람이요.
세계 각국을 유람하는 박식한 철인도
때를 모르면 철인이 아니다.
(有名學識英雄으로 科學의열인 丈夫機械發達되단말 天文地理達士덜도

時言不知非達士요 各國遊覽博識哲人 時至不知非哲이요)

영웅호걸이라 하며 제 자랑을 하여도

농사짓는 때를 알지 못하면 농사력의 부족이라.

어리석은 지아비 지어미, 머리가 좀 나쁜 사람도

때를 알면 영웅이요,

고관대작 호걸들도 때를 알아야 진짜 호걸이다.

　(英雄豪傑 제藉浪도 方農時를 不知하면 農事力이 不足이라

　愚夫愚女氓虫人도知時來이 英雄이요

　高官大爵豪傑들도 知時來이 傑士라네)

지혜가 없구나 조소자야.

무엇을 안다고 조소하느냐.

공평하고 사사로움이 없는 하나님은

귀하고 천함을 가리지 않고 다 오라 하시네.

성취의 근본이 알고 보면 허와 실 모두가

하나에서 나옴이라.

　(無知하다 嘲笑者야 멋안다고 조소이냐

　至공무사 하나님은 厚薄간에 다오라네

　成就根本 알고보면 從虛實이 出一이라)

진정한 도를 추구하는 스님들은

모든 것을 깨어버리고 하산하소.

불도가 크게 번창할 때를 언제 바랄 것인가?

무릇 인간사 중에 선인이 있으니.

(眞僧下山急破하소 不道大昌何時望고 都是仙中人間事라)

천벌의 엄명을 내릴 세상이니

집집마다 사람마다 잘 다스려라.

부귀한 자 문장가 재주 많은 인사들아!

오늘 운수를 통하지 못하는가?

스스로 낮아지면 높아지는 이치를 모르고서

빈천하게 보고 노예로 알도다.

(天罰嚴命나릴世上 家家人人다사려라 富貴文章才士더라

時來逆數不通인가 自下達上모르고서 貧賤不知奴隷로다)

빈천하고 곤궁하며 권세없는 자들아!

정신차려서 해인을 아소.

무궁조화가 한량없네.

너희 선영 신명들은 모를까봐 탄식하네.

영웅호걸 현인군자 대관대작 부귀자야!

도매금에 넘어가리.

스스로 낮아진 자가 높아지는 이치인데

우맹자가 먼저 오도다.

(貧賤困窮無勢者야 精神차려 海印알소 무궁조화 한량업네

너의 先영신명덜은 不知일가 탄식이라 영웅호걸 현인군자 대관대작
부귀자야 도매금에 너머가리 自下달上里치로서 우맹자가 先來로다)

한국사람의 인심이 악화되면 너희 앞길이 말 아니네.
원수가 없던데서 생사결단을 할 만큼 큰 원한으로 이르렀는가?
올바르게 가면 정로이고 그릇되게 가면 흉로인데 흉한 길을 가지마라.
붓드는 자(글쓴는 이)는 무엇을 안다고 시비시비시비하느냐.
(朝鮮人心악화되면 너의 前路말아니네 원수없던大원恨이
 生死中의 매첫던가 올케가면正路인데 글케가서凶路일세
 凶路길을 가지말라 붓드는자엇더타고 是非是非是非이냐)

잘 죽어라 네 이놈들아!
불효막심한 무도자야. 부모마음이 불안하다.
신인이 되는 도를 전하는 천도국은 남녀합체 음양도다.
(잘죽어라 네이놈들 不孝莫大無道者야 父母마음 不安하다
 神道傳人天道國을 男女合體 음양道다)

하늘의 명을 믿지 않으니 누가 살기를 바라는가?
하늘을 거역하면 망하리라.
지금 이후에 스스로를 알지 못하면
천지가 혼돈하여 불이 인간에게 비추니
번갯불같은 겁술로도 사람은 보이지 않으니
중생을 어찌 구하리요.

(不信天命誰可生고 逆天者亡이로다 自此以後人不知면

混沌天地火光人間 電火劫術人不見也니 衆生을 何以濟오)

복 받으라고 부르는 노래가 사해에 진동하건만

부모(천지)를 돌보지 않고 가는 사람 답답하고 불쌍하다.

천지의 덕을 합한 부모님이 무지한 인간을 살리고자

하늘의 말씀을 전하면서 이르는 말을 사람들은 알지 못하고 욕을 하니

너의 죄상이 참으로 더럽구나.

(福바더라 부는 노래 四海가 진동커늘 불고부모가느사람

답답하고 불상터라 天地合德父母님은 無知人間살니자고

天語傳에 이른말을 사람不知辱을하니 네 죄상이 더럽고나)

〈격암유록〉 계명성에 또 다음과 같은 내용이 있습니다.

중생들은 금은보화만 지키고 재물만은 보전하려 하는구나.

하늘의 기운이 있는 세상으로 인도하려는 적덕을 하려 하나

주인을 모르는구나! 아! 시운이 늦어가는 구나.

뱀같은 마음으로 미륵천을 모르니

완성으로 가는 길은 피와 눈물로 얼룩지는구나.

(衆人寶金守保財物 雲霧中天一脫世로 活人積德하려하나 主人몰라

嗟呼時運늦어간다. 蛇奪人心彌勒天을 不覺아가 頂上血淚)

제15장.
한의 원리가 담겨있는 인류 최고의 경전 — 천부경

천부경은 무시(無始)와 무종(無終) 사이에서 우주가 창조, 진화, 완성하는 섭리를 수리로 표현하고 있다. 인간에게 있어서 이것은 출생에서 죽음에 이르기까지 창조, 진화되고 마지막에는 인간완성을 이룸으로써 인간으로 태어난 사명을 다한다는 이치를 담고 있다.

그래서 천부경의 원리 속에는 허공에서 나와 허공으로 돌아가는 인간완성의 심오한 조화와 섭리가 들어있다.

선도수련(仙道修練)을 하면서 천부경을 암송하면 모든 삼라만상을 태동시키는 은하계의 근원지인 자미원(紫微垣)과 연결된다.

그러나 인간완성의 열망과 전체완성의 꿈이 없는 사람은 아무리 외워도 의미없고 소용없는 일이다.

질 문

천부경은 어떤 경전입니까?

석 정

천부경은 우주의 질서와 창조, 진화완성의 원리를 기록한 경전입니다. 이론이나 지식으로 접근할 수 없는 오묘한 경전입니다. 미국 CIA에서 전세계의 암호와 경전을 다 해독했지만 유일하게 천부경만은 해독을 못했다고 합니다. 깨달음을 얻어야 이해할 수 있는 경전이기 때문입니다. (그림 15-1)

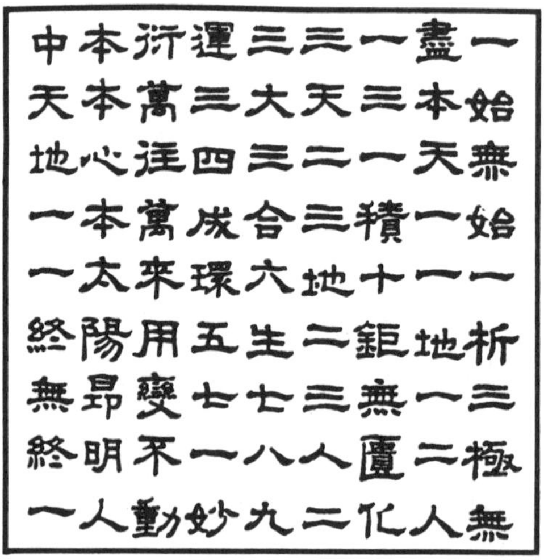
一始無始一析三極無
盡本天一一地一二人
一三一積十鉅無匱化
三天二三地二三人二
三大三合六生七八九
運三四成環五七一妙
衍萬往萬來用變不動
本本心本太陽昻明人
中天地一一終無終一

(그림 15-1) 우주의 창조, 진화, 완성의 원리가 담겨있는 천부경

질 문

천부경에는 어떤 원리가 있습니까?

석 정

고명한 분이 말씀하시기를 진화창조의 원리, 수승화강(水昇火降)의 원리, 본성광명의 원리, 우아일체의 원리, 영생의 원리 이렇게 다섯가지의 큰 원리가 있다고 합니다.

질 문

〈격암유록〉에 기록된 부분을 설명해 주시지요.

석정석생

〈격암유록〉 생초지락에 다음과 같은 내용이 있습니다.

상제께서 큰 도로 엄히 나갈 때에는

큰 채찍과 칼로 마귀를 몰아낸다.

소리도 없고 냄새도 없는 하늘의 이슬로

마귀를 없애고 독의 종자를 불로 멸하니

영부(靈符)에서 3천년만에 추수하는 만고의 경전인데

우리가 이제 홀연히 신인이 되는 경전을 깨닫도다.

(天皇大道嚴可出 大鞭劍下驅妖鬼 無聲無臭震天降 殺魔無種毒火滅

符三千秋應萬經 吾人忽覺神化經)

질 문

소리도 냄새도 없는 하늘의 이슬은 무엇을 의미합니까?

석 정

자미원(紫微垣)의 기(氣)를 뜻합니다.

질 문

마귀는 무엇을 의미합니까?

석 정

체내에 존재하는 저급한 기(氣) , 저급한 정보를 의미합니다. 저급한 정보는 저급한 사고(思考)와 감정을 유발합니다.

질 문

독의 종자를 불로 멸한다는 의미는 무엇입니까?

석 정

아랫배(하단전)에 기운이 축척되어 하단전(下丹田) 시스템이 회복되면, 불같이 뜨거워지면서 인체에 발생하는 모든 독소를 태워서 정화한다는 내용입니다.

질 문

영부(靈符)는 무엇을 의미합니까?

석 정

자미궁(紫微宮)을 의미합니다. 은하계의 중심자리이며 가장

고차원의 기운이 생성되는 곳이지요. 천부성(天符星)이라고도
합니다.

질 문

우리 민족에게 3천년만에 나왔다는데 언제를 말합니까?

석 정

약 3천년전 환웅천황께서 한인천제에게 천부인(天符印)을 받
아 신시(神市)를 개척했다는 기록이 한단고기 규원사화에 나와
있습니다.

〈격암유록〉 성산심로에 또 다음과 같은 내용이 있습니다.

몸안에 있는 마귀를 멸하는

경 읽는 소리 끊어지지 않으면 살것이요,

경읽는 소리 끊어지면 살아남기 만무이다.

(肉身滅魔 誦經不絶 人個得生 絶之誦經 萬無一生)

질 문

천부경이 경전 중의 경전이란 것도 언급했습니까?

석 정

물론입니다. 〈격암유록〉 송가전에 다음과 같이 천부경에 대
한 내용이 있습니다.

하늘의 대명을 받아 지휘하는 고로

자하도에 정좌하고 일심전력으로

수도 중에 인묘시에 마음을 추스려

명산에 높이 올라 일심으로 분향재배하니,

천정수로 축복하고 성신검을 획득하도다.

단서의 용법인 천부경에 무궁조화 출현하니

하늘 우물의 이름은 생명수요,

천부경은 진경이라.

(天授大命指揮故 紫霞島에 定座하사 盡心竭力修道中에 寅卯時에

心戰하야 日月山上높이올라 焚香再拜一心으로 天井水에 축복하고

聖神劍을 獲得守之 丹書用法 天符經에 無窮造化出現하니

天井名은 生命水요 天符經은 眞經야며)

질 문

자하도(紫霞島)는 무엇을 의미합니까?

석 정

자미원(紫微垣)과 연결되어 있는 신성한 곳입니다.

질 문

보라색의 뜻인 자(紫)색의 의미는 무엇입니까?

석 정

영안(靈眼)이 열려 기(氣)의 색을 보면 완성된 사람에게는

보라빛의 발광체가 형성하게 됩니다. 물론 자미원(紫微垣)도 그러한 빛을 발하지요.

질 문

인묘시(寅卯時)에 수도(修道)하는 이유는 무엇입니까?

석 정

하루 중에서 양기(陽氣)가 가장 강하게 생성되는 시간이기 때문입니다.

질 문

천정수(天井水) , 생명수는 무엇을 의미합니까?

석 정

기운이 체내에 들어와 액화되는 현상을 말합니다.

질 문

성신검(聖神劍)은 무슨 의미입니까?

석 정

진리의 검을 말합니다. 완성된 사람에게는 생사(生死)여탈권이 부여됩니다. 육신의 차원이 아닌 영혼의 차원이지요.

제16장. 인류구원의 정신
— 한정신, 한문화운동

인류를 구원하는 정신으로, 상대적인 선(善)을 추구하는 것으로는 불가능하다. 종교, 사상, 이데올로기, 지방색 등등 상대적인 가치를 추구해서는 점점 더 불행해진다. 이제는 모든 종교와 사상, 철학 등은 인간근본의 가치인 본성을 중심으로 사고하고 행동해야 할 시기이다.

그것은 지금까지의 종교와 사상, 철학이 지구촌을 하나의 문화권과 가치관의 형태로 제도하는데 실패했듯이, 새로운 정신과 새로운 문화의 탄생이 요구되는 시기이다.

인간은 민족과 인종, 종교와 사상으로 나누기 전에 허공에 뿌리를 둔 생명체들이다. 그래서 모두가 한뿌리에서 나왔다는 우주의식, 전체의식, 인류애가 인류를 구원할 수 있는 마지막 정신이다.

다시 한번 언급하면 바른정신과 높은 도덕성을 통해 주인의식을 되찾고 지구촌의 정치, 경제, 사회, 문화 등의 당면과제를 해결하고 나아가서는 기존의 종교와 사상의 벽을 뛰어넘어 진리를 공유하는 사회를 만들고자 하는 큰 문화운동이 지구촌을 구하는 방법이다.

그것은 또 하늘과 땅과 사람이 각기 따로가 아닌, 한뿌리의 의식운동이기도 하다.

그러나 제 4장 우주에서의 지구의 원리에서 설명했듯이 순수의식의 발현과 높은 도덕성, 인류애의 접근은 기존의 심신수련과 신앙행위로는 어려움이 많다. 인간내부의 신성(神性), 본성(本性), 양심(良心)을 밝히는 선도수련(仙道修練)을 보급하며, 한문화운동을 주도적으로 이끌어 가야 된다.

선도(仙道)의 보급을 통한 개인완성과 한문화운동을 통한 전체완성, 한정신을 통하여 인류의 화합을 이루라고 〈격암유록〉에서는 강도 높게 언급했다.

석 정

〈격암유록〉 생초지락에 다음과 같은 내용이 있습니다.

면면촌촌이 소울음 소리요
도도군군에 만년풍이 부는구나.
얼었던 것이 해빙되어 말이 순해질 때

이 때가 어떤 운인가?
때를 지체말고 빠르게 전해라.
 (面面村村牛鳴聲 道道郡郡萬年風 履霜堅氷皆言順 此時何時逆來時
  時時忙忙急急傳)

꿈 속에서 월남궁의 천상영화를 잠깐보고
선영신을 상봉하여 많은 정담을 못 나누고 깨어보니
시간이 많이 지났구나.
정신을 가다듬고 중생을 구하고자
밝은 등불을 손에 들고 고해와 업장을 돌파하고
효도와 충성으로 사명을 다하니 우리 아이 귀하구나.
 (꿈나라 月南宮에 天上榮華暫보고 先祖先榮相逢하야
  萬端情話못이뤄 靈鷄之聲놀라끼니 日竿三이 되었구나
  魂迷精神가다듬어 拯濟萬民救活코저 一燭光明손에들고
  塵海業障突破할제 孝當竭力忠則盡命 우리阿只榮貴하다)

〈격암유록〉 격암가사에서는 다음과 같이 급박하게 선도보급
을 권고하고 있습니다.

예로부터 지금까지 처음있는 즐거운 대도가
우리 한국땅에 크게 번창하리니 사람들아!
사심을 두지말고 면면촌촌할 것없이 화합하라.

화평한 기운의 봄바람이 일어 일하는 때가 왔는데
의심없는 군자는 크게 깨달을 때라.
집집마다 면면마다 군군도도마다 때가 이르렀으니 다 알려라.
(自古及今初樂大道 우리朝鮮大昌人이 私心부터 두지말고
面面村村合할合字 和氣春風時事來를 無疑君子大覺年을
家家面面郡郡道道 時事自知 다 알리라)

복음전도 급히하라.
악전고투 이기어서 천리길도 멀다말고 급히 전하소.
저희 돌아가신 선영, 부모 영혼들 다시 살아 상봉하리.
(福音傳道急急時라 악전고투 이기어서 不遠千里急轉하소
 저의先塋父母靈魂 다시사라 相逢하리)

많은 세상 사람들이 걱정 근심으로 무섭던 날이 새니
야귀의 발동이 주저주저 하는구나.
마귀야 어디갔니?
회개하고 스스로 뉘우쳐서 사람이 되라.
지극히 공평하고 사심없는 하나님은
과거의 죄악을 묻지않고 다 부르네.
(億兆창생 걱정근심 무서웁다날이새니 夜鬼發동 주저주저 마귀야
 어디갈니 회개自責사람되라 至公무사 하나님은 불고죄악 다오라네)

〈격암유록〉 가사요에는 다음과 같은 내용이 있습니다.

끝에 가서 하나로 합쳐지는 이치는
동서의 도와 교가 하나로 합쳐지는 이치를 말하는데
정신이 혼미한 이는 이를 깨닫지 못하리.
　(末復合而一理　東西道教合一理　昏迷精神永不覺)

〈격암유록〉 정각가에서는 신앙인들에게 이렇게 권고하고 있
습니다.

도도교교가 각기 자기의 것을 주장하나
신앙의 혁명기임을　모르는가?
난세에 태어나 어찌 알것인가?
하늘의 큰 도가 내려온 지금 시대는
모든 도를 하나로 합하는 해원임을 알라.
　(道道教教獨主張　信仰革命不知　何不覺而亂世生　天降大道此時代

　宗道合一解冤知)

〈격암유록〉 격암가사에 하루빨리 통일을 이루라는 권고의 내
용이 있는데, 450년전의 기록이라는 것을 상기해 볼 때 입이
벌어지지 않을 수 없습니다.

이남이북하는 것이 어찌된 말인가?

소련과 미국이 서로 싸워 홈이 생기니

사해의 만가지 성씨가 우리 형제이고

한조상의 자손인데 그렇게도 원수인가?

우리 조선 예의동방 부모국을 어찌 몰라보고

철부지 공산정권이 발동하니

하느님 앞에 대죄로다.

정신을 망각하여 형제를 몰라보니

이런 원통한 일이 또 있던가.

울어봐도 못다 울 일이니 하늘을 향해 통곡할 죄이네.

통합하소, 통합하소.

좋은 세월 거스리지 말고 통합하소.

원수도 악한 업도 짓지 말라.

알고 보면 사람하나 죽인 죄가 참 크구나.

(以南以北是何言고 露米相爭必有欣을 四海萬姓

　우리兄弟 同考祖之子孫으로 그럭해도 怨讐런고

　우리朝鮮 禮儀東方 父母國을 어리그리 몰나보고

　節不知而共産發動 하느님前大罪로다

　精神망각하야갓고 兄弟不知하엿스니 이런兎痛또잇넌가

　우러봐도 못다울일 양天痛哭罪이네 統合하소 統合하소

　好時不違通合하소 원수악수짖지말라

　알고보면 사람하나 죽인 죄가 참 크구나)

〈격암유록〉 격암가사에서는 매우 급박하게 권고하는 내용이
또 있습니다.

백의민족이며 백의의 마음을 가진 한국사람아!

좌우 보지말고 급히 가자.

세계 십승이 있는 곳에 한국사람이 왜 못가는가?

하나도 모르는 한국사람들아! 알아보자.

평안하고 안락한 방향이 한국인데 어서가자 어서가.

생명선이 끊어질라. 어서 가세 바삐 가세.

서로서로 손 잡아라. 이 소식이 어떤 소식인가.

앞에 가자 뒤에 서라 때가 있어 오라는가?

천국의 큰 잔치 벌어졌나,

세계 인류를 다 청하나 참여자가 드물구나.

(白衣人心朝鮮人들 不顧左右急히가자 世界十勝조선인데

조선人이 왜못가노 하나므른 조선인아 알라보아

平安方이 朝鮮인데 어서가자 어서가 生命線이 끗어질나

어서가세 밧비가세 서로서로 손자바라 이消息이 何消息고

압헤가자 뒤에서라 때가잇서 오라는가 天國大宴버려전나

天下萬民 다請하나 參像者 드물구나)

동서의 많은 종교는 와서 통합하소.

궁을외는 통할 수가 없네.

어서오소 피난처로, 불노불사 선경일세.

자주색 기운이 쌓인 한반도 남쪽은 세계만민의 안심처요
보혜대사 계신 곳이니 궁을 지간 선경일세.
(東西多敎來合하소 弓乙外는 不通일세 어서오소
피난처로 不老不死仙境일세 南海東半紫霞島는 世界萬民安心地요
保惠大師계신곳이 弓乙之間仙境일세)

※ 머지않아 우리나라는 선도(仙道)문화가 크게 보급될 것입니다. 그 이전에 징후로 단전호흡이나 기공이 많이 알려져 있고 이후에 사람들은 선도(仙道)에서 제시하는 진정한 인간 완성과 전체 완성의 정신을 이해하게 될 것입니다.

제17장. 십승지(十勝地)

〈격암유록〉의 전반적인 내용에서 핵심적인 사항은 인간완성과 완성처이다.

그리고 인간완성을 이룬 사람을 십승인(十勝人)이라고 표현했고, 인간완성을 이루는 곳을 십승처(十勝處), 또는 십승지(十勝地)라고 했다. 선도수련(仙道修練)을 통하여 3단전(丹田)이 완성된 사람은 십승지(十勝地)를 따로 찾을 필요가 없다. 3단전(丹田)이 곧 십승지(十勝地)이기 때문이다.

3단전(丹田)이 완성되면 은하계의 근원자리인 자미원(紫微垣)과 연결되어 생사(生死)의 윤회가 끝나기 때문이다.

따라서 〈격암유록〉에서는 인간의 본성이 내재되어 있는 3단전(丹田)을 십승지(十勝地)라고 표현했다. 특히 3단전(丹田) 중에서도 상단전(上丹田)에 고차원의 기(法寶丹)가 형성되면 완전한 십승지(十勝地)에 든다고 한다.

또 하나의 십승지(十勝地)는 땅의 십승지(十勝地)인데 인류의 시련이 막바지로 닥쳐올 때 피난하여 수도(修道)생활을 하는 특별한 장소를 말한다.

 이 곳은 자미원(紫薇垣)의 기운과 연결되어 있는 땅으로 고차원의 지기(地氣)가 형성되어 있으며 들어가야 할 적절한 시기가 있다.

　전세계에서는 12군데이고 한국에서는 세곳으로 알고 있다. 이것 또한 아직은 구체적으로 언급할 시기가 아니기 때문에 때가 되면 자미원(紫薇垣)의 기(氣)와 연결되어 완성된 도인(道人)과, 한국의 십승지(十勝地) 세곳과, 세계에 흩어져 있는 십승지(十勝地) 12곳을 밝힐 것을 약속한다(1999년) .

　〈격암유록〉에서는 하늘의 십승지(十勝地)는 성산지(聖山地), 자하도(紫霞島) , 문무성(文武星) , 삼태응성(三台應星) 이라고 했고, 땅의 십승지(十勝地)는 신천촌(信天村) , 궁을촌(弓乙村) , 삼신촌(三神村)으로 묘사했다.

　그리고 완성된 사람을 도인(道人) , 진인(眞人),감나무, 박(朴) , 완성자, 자하선인(紫霞仙人) , 양백인, 삼풍인(三豊人)으로 표현했다.

질 문

하늘의 십승지(十勝地)에 대하여 설명해 주시지요.

석 정

 하늘의 십승지(十勝地)는 자미원(紫薇垣)을 의미합니다. 완성된 기운의 세계, 완성된 영혼의 세계입니다. 음양(陰陽)과 오행(五行)이 갈라지기 이전의 기운의 세계이지요. 이것을 선천지기(先天之氣)라고 합니다.

인간은 이 세계와 연결될 때 음양(陰陽)과 오행(五行)의 작용에 적용받지 않습니다.

선천지기(先天之氣)는 음양(陰陽)과 오행(五行)으로 갈라지면서 질(質)이 저급화 되고, 음양(陰陽)과 오행(五行)의 적용을 받은 인간은 불완전한 것입니다.

수도(修道)를 통해서 자미원(紫微垣)과 연결되면 하늘의 십승지(十勝地)에 들었다고 하고 그것을 신명(神明)이라고 하는 것입니다.

질 문

땅의 십승지(十勝地)에 대하여 설명해 주십시요.

석 정

우주에는 수많은 별이 있는데, 고차원의 에너지를 발생하는 길성(吉星)과 저급한 파장을 발생하는 흉성(凶星)이 함께 존재합니다.

별들의 에너지는 우리가 사는 땅에 영향을 미치게 됩니다. 그래서 고급에너지가 형성되어 있는 명당이 있고, 저급한 에너지가 형성되어 있는 흉지(凶地)가 있는 것입니다. 땅의 십승지(十勝地)는 고차원의 에너지가 형성된 곳을 말합니다.

다시 한번 설명하면 땅의 십승지(十勝地)는 고차원의 에너지가 발생하는 자미원(紫微垣)과 연결되어 있는 곳입니다.

질 문

그러한 곳을 풍수지리적인 이론으로 찾을 수 있습니까?

석 정

불가능한 일입니다. 그것은 뇌의 특수한 세포와 감각이 개발되어야 가능한 일입니다.

질 문

구체적으로 어떤 감각기관을 말씀하시는 것입니까?

석 정

태양혈로 연결된 비장 부위의 경락(經絡)이 열리는 것입니다. 땅(土)의 기운을 관장하는 곳이니까요. 수행이 깊어지면 산안(山眼)이 열리고 땅이 투시되기도 합니다.

질 문

땅의 십승지(十勝地)는 몇 곳이나 됩니까?

석 정

전세계적으로 12군데인데 고명한 분이 찾는 작업을 하고 있습니다. 때가 되면 거기에 대형으로 선도명상타운이 들어설 것입니다. 구체적인 지명은 아직 밝히기가 어렵습니다. 3년 후

(1999년)에 밝히지요. 한 곳에 백만명이상 들어갈 수 있을 겁니다.

질 문

그래도 한두군데라도 말씀해 주시지요.

석 정

．．．．．．．

미국의 아리조나주에 있는 세도나라는 곳입니다. (그림 17-1)

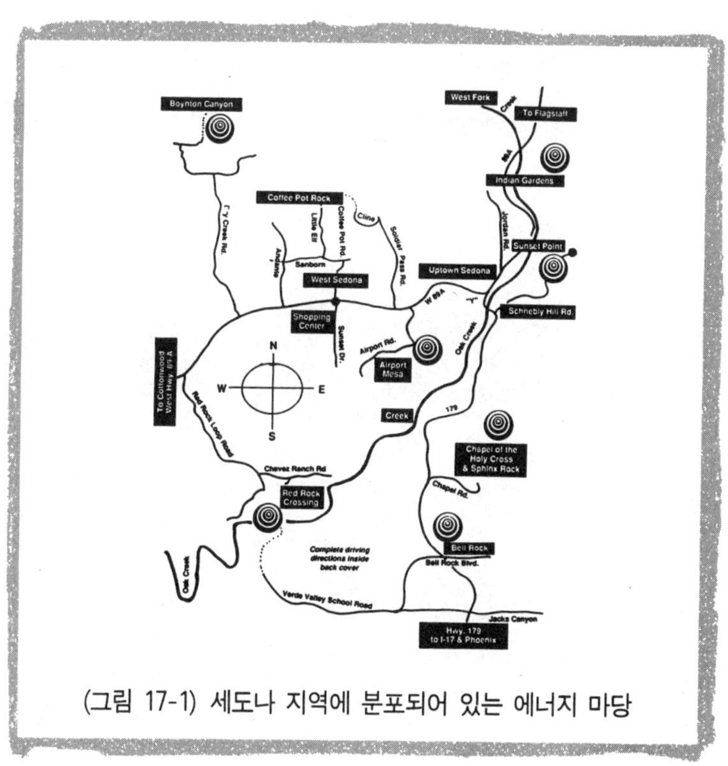

(그림 17-1) 세도나 지역에 분포되어 있는 에너지 마당

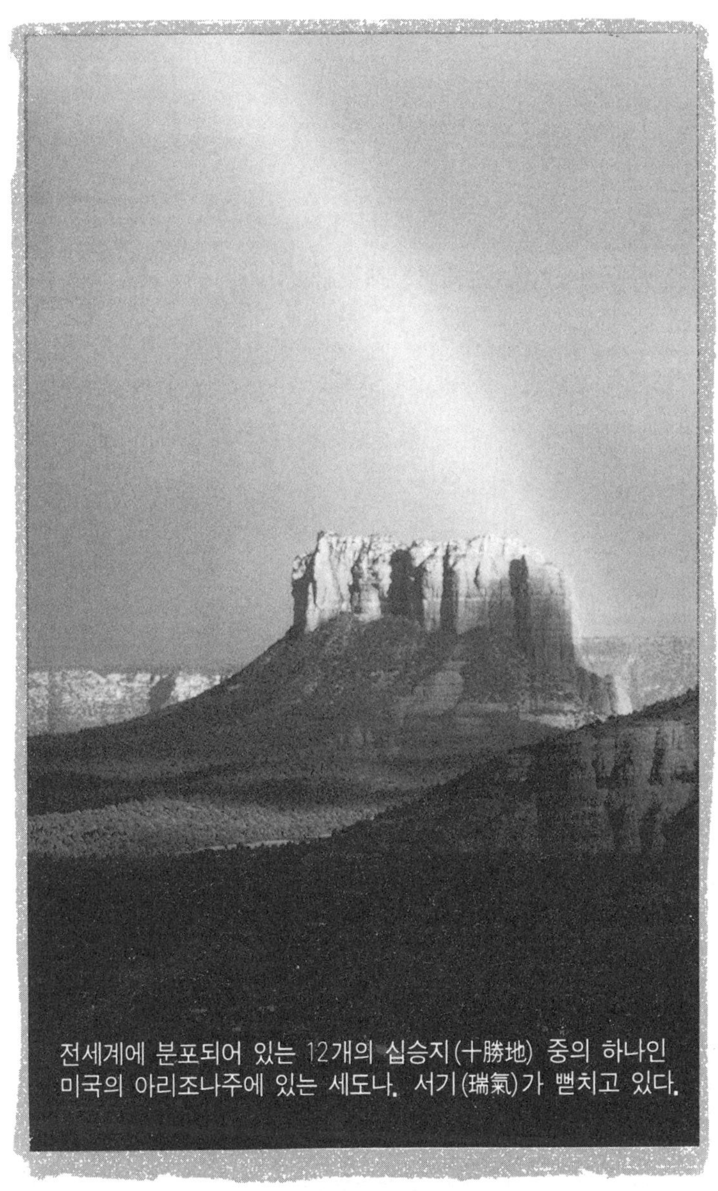

전세계에 분포되어 있는 12개의 십승지(十勝地) 중의 하나인
미국의 아리조나주에 있는 세도나. 서기(瑞氣)가 뻗치고 있다.

자미원(紫微垣)과 연결된 곳이지요. 미국의 밀리언 셀러인 「천상의 예언」의 작가가 이 곳의 기(氣)를 받아서 그 책을 저술했습니다.

질 문

사람의 십승지(十勝地)에 대해서 설명해 주십시요.

석 정

사람의 십승지(十勝地)는 인체의 3단전(丹田)을 의미합니다. 3단전(丹田) 시스템이 완성될 때 완성지에 들었다 하고 완성인간이라고 하는 것입니다.

질 문

〈격암유록〉에 기록된 부분을 설명해 주시지요.

석 정

〈격암유록〉 말운론에 다음과 같은 기록이 있습니다.

도(道)가 아니면 멸망하리.

들어오면 살고 나가면 죽을 궁을촌에서

하늘같은 본래의 마음으로 돌이키려 노래 부르네.

도깨비같은 마음이 제거되니

헛된 생각이 발동하지 않도다.

(無道滅 入生出死弓乙村 天定人心還定歌 이魍發不奪人心)

옛것을 버리고 새것을 맞으라.

수천의 만세 소리와 환호성은 하늘 백성이 외치는 소리.

더없이 길한 곳이 궁궁촌이다.

완성자가 출입하는 곳이니 사람마다 따르리.

(送舊迎新 數千呼萬世神天民 吉莫吉於弓弓村 勝者出入人人從)

하늘 백성이 사는 십승지는

전쟁으로 해를 가리거나 연기로 달을 가리는 일이 없고,

도둑이 침범할 수 없으니 안심할 수 있는 땅이라.

나가면 죽고 들어오면 살리라.

(天民十勝地 赤連蔽日火烟蔽月 盜賊不入安心之地 出死入生)

날으는 불이 들어올 수 없는 곳이니 도인을 찾으라.

해와 달이 빛을 잃으며 별이 우박처럼 떨어져

산과 바위에 몸을 숨기리라.

사람같으나 사람이 아닌 천신이 내려오니

여섯 뿔(天)에 여덟 사람(火)을 아는 자는 살리라.

(飛火不入道人尋 日月無光星落雹 山萬岩萬掩身甲 似人不人天神降

六角八人知者生)

질 문

여섯 뿔(天)과 여덟 사람(火)은 무엇을 의미합니까?

석 정

천(天)자는 뿔이 여섯이고, 여덟(八)과 사람(人)을 합하면 불 화자(火)가 됩니다. 천화(天火)라는 것은 하단전(下丹田)에 형성된 내기(內氣)를 의미하고, 결국 선도수련(仙道修練)을 통한 단전(丹田) 시스템의 완성을 의미하는 것입니다.

〈격암유록〉 말운론에 다음과 같은 내용이 있습니다.

삼남 제일의 길한 별이 비치는 땅은
달 아래 비파소리 소울음소리 나고
탈겁하여 거듭나는 변화처라.
(三南弟一吉星地 月下彈琴牛鳴聲 脫劫衆生變化處)

〈격암유록〉 계룡론에는 다음과 같은 내용이 있습니다.

참지 못하고 세상에 나오면
백 조상중 한 명의 자손도 살아남기 힘드네.
3년간 참고 견디면 마침내
불사영생을 이루는 완성자가 출현하리.
(不忍出世百祖一孫 終忍之出三年間 不死永生 出於十勝)

질 문

참지 못하고 세상에 나온다는 것은 무슨 뜻입니까?

석 정

수행을 인내하지 못하고 세상에 다시 나와 욕망의 삶을 사는 것을 말합니다.

질 문

3년간 참고 견디라는 내용과 10년 공부라고 했던 것과의 차이점을 설명해 주십시요..

석 정

자미원(紫微垣)의 기(氣)와 일반적인 땅의 기운을 통하여 수도(修道)하면 10년이면 가능합니다. 그리고 자미원(紫微垣)의 기(氣)와 땅의 십승지(十勝地)가 만나는 곳에서는 3년이면 가능하다는 내용입니다.

질 문

어떤 이는 수도(修道)를 하려면 산으로 들어가라고 권유하는데, 이 부분에 대해서는 어떻게 생각하십니까?

석 정

그 부분에 대해서는 〈격암유록〉 세론시에 다음과 같은 내용이 있습니다.

어리석은 자는 어떻게 말하는가?
속리산으로 들어가라, 지리산으로 들어가라,
계룡산으로 찾아가라고 말하니 어리석다.
(愚者何辨 入於俗離 尋於智異 尋山鷄龍 愚哉)

※ 십승지(十勝地)가 산에 있는 것이 아니라는 내용입니다.

수도(修道)를 통하여 특별한 감각이 개발된 사람만이 십승지(十勝地)를 찾을 수 있다고, 〈격암유록〉 궁을도가에는 이렇게 기록되어 있습니다.

하늘이 감추고 땅이 숨겨놓은 십승지는
도인 외에는 못 찾으리.
삼신산을 찾으려면 마음을 살피고 묵묵히 앉아
몸가짐을 단정히 한 후 일조삼이(心) 뜻을 알아
삼봉산 하반월선(心)을 우선 먼저 찾아보소.
(天장地비 十勝地 道人外는 못찾으리 三神山을 찾으려면
　心審默坐端正後에 一釣三餌뜻을 알어 三奉山下半月船을
　于先 먼저 찾아보소)

질문

삼신산(三神山)은 무엇을 의미합니까?

석 정

삼신(三神)은 생명을 탄생시키는 근원자리, 즉 자미원(紫微垣)을 말합니다. 그래서 아이를 점지해 달라고 삼신할머니에게 염원하는 것입니다.

질문

원문의 일조삼이(一釣三餌)는 무슨 뜻입니까?

석 정

하나의 낚시바늘(ᐯ)에 세 이깝(∴)을 합하면 마음심(心)이 됩니다. 삼봉산(∴) 반월선(ᐯ)도 마찬가지입니다. 마음을 닦고 또 닦으라는 내용입니다.

인간완성을 이루지 못하고 방황하는 영혼을 〈격암유록〉 격암가사에서는 다음과 같이 표현했습니다.

때를 잃어 끝에 가서 움직이지 말라.

들어오려고 욕심을 부리나 양백을 얻지 못하리.

자주빛 기운과 누런 안개로 둘렀으니

도로의 지척도 분간하지 못하리.

불이 하늘로 올라 연기가 가득하여

길이 불통되었으니 어떻게 갈까?

철통같이 잠긴 완성의 세계에 무수한 신명들이 방어하니

들어 갈 마음을 어찌 먹을 수 있으리.

(失時末動부디마라 欲入兩白不得已라 紫霞黃霧둘너스니

道路咫尺不知로다 八人登天火燃中에 路道不通엇지갈가

鐵桶갓치 잠긴十勝 無數神明防禦하니 敢不生心엇지들가)

질 문

양백(兩白)은 무슨 뜻입니까?

석 정

옷도 희고 마음도 희다는 뜻으로 완성인간을 의미합니다.

제18장.
종말, 영생, 구원, 천국론

지구촌을 다녀가신 수많은 선지자들과 성인(聖人)들이 말씀하신 영생론, 종말론, 구원론, 천국론을 선도(仙道)는 어떻게 정의하는가?

선도(仙道)의 경전 중 〈삼일신고〉의 진리훈에 보면 「사람과 우주만물은 다같이 근본이 되는 하나(허공)에서 나왔으며, 세 가지로 표현되는 것을 굳이 말로 설명한다면 본성(性)과 생명(命)과 정기(精)이다.

사람은 이 세가지를 온전하게 받으나 만물은 치우치게 받는다. 참 본성(本性)은 착함도 악함도 없으니 첫번째 지혜로써 두루 통하며 막힘이 없고, 참 생명(生命)은 맑음도 흐림도 없으니 두번째 지혜로써 어리석음이 없고, 참 정기(精氣)는 두터움도 엷음도 없으니 세번째 지혜로써 어긋남이 없다.

따라서 누구나 근본이 되는 하나(허공)로 돌아가면 하느님과 하나가 된다. 그러나 뭇사람들은 착하고 악하고 맑고 흐리고 넘쳐나고 모자람이 서로 섞여서 여러 종류의 길을 마음대로 달리다가 나고, 늙고, 병들고, 죽는 고통에 떨어진다.

그래서 깨달은 이는 오직 한 뜻으로 나아가 허망함을 돌이켜 참에 이르고, 마침내 하늘의 기운을 크게 펴니 이것이 깨닫고 사명을 완수함이라.」라고 설명되어 있다.

따라서 선도(仙道)에서 제시하는 구원론은 깨닫고 사명을 완수하는 것이며, 천국이나 영생은 깨닫고 사명을 완수한 사람만이 고차원의 기운(氣運) 속에서 완성된 영혼이 되어 누릴 수 있는 곳이라고 본다.

또한 선도(仙道)에서는 종말이란 자체에는 의미를 두지 않는데, 그것은 우주의 법칙이 시작과 끝이 없기 때문이다. 지구는 우주공간에 떠다니는 하나의 구슬에 불과하며 생사(生死)도 하나의 이동에 불과하다.

이러한 이치를 깨달은 사람은 종말이 의미가 없다는 것을 알고 있다.

다만 생사(生死)라는 것은 기(氣)의 이동인데 사람의 기(영혼)가 진화되어 이동하는 것을 인식한 채 이동하면 생사(生死)와 종말은 없는 것이며, 기(氣)의 진화가 저급하며 이동하는 것을 모를 때 관념으로는 생사(生死)와 종말이 있는 것이다.

따라서 이런 이치를 깨달은 사람은 영혼의 진화와 전체의 완성에 삶의 목적이 있는 것이다.

질 문

사람들은 사후에 대하여 막연한 생각을 갖고 있는데, 사람은 정말 영생하는 것입니까?

석 정

이것 역시 기(氣)의 세계를 알지 못하고는 관념적일 뿐이지요. 천국 간다던가, 지옥 간다던가, 윤회 한다던가, 그냥 끝난다는가 하는 막연한 생각이지요. 선도(仙道)수행을 통하지 않고는 확신하기 어려운 일입니다.

〈격암유록〉 말운론에 다음과 같은 내용이 있습니다.

"사람이란 죽게 되어 있으니 영생하지 못한다."고 어찌 확신하는가?
뜻있는 군자는 신중하게 관찰하여 깊이 깨달아라.
세상의 일로는 아무리 생각해도 캄캄하게 모르리.
(死殺不生豈確實乎 有志君子 深覺深覺愼之察之 暗暗不知世事也)

질 문

천국에 대하여 언급한 내용도 있습니까?

석 정

있습니다. 〈격암유록〉 성산심로에 다음과 같은 내용이 있습니다.

땅에서는 구세주 정씨왕을 만날 수가 없으며
해인의 그림자도 보지 못하리.
하늘의 해인을 구하면 사람마다 극락일세.
(地不逢鄭王求世 海印不見之影 九天海印皆人極樂)

완성에 거하는 자는 영원한 낙원에 들어 가겠네.
만의 하나라도 잃음이 없으니 마음을 깨닫고 또 깨달으소.
가난한 자는 생을 얻으나 부자들은 얻을 수 없네.
(十勝居人 入於永樂 萬無一失 心覺心覺 貧者得生 富者不得)

질 문

예수님도 부자가 천국가기는 어렵다고 말씀하셨는데 그 이유
는 무엇입니까?

석 정

물직적으로 풍요하면 정신세계를 추구하기 어렵습니다. 생활
에서 만족하니 다른 것을 구하려 하지 않기 때문입니다..
〈격암유록〉 격암가사에는 다음과 같이 무지한 사람들에게 권
고하는 내용이 있습니다.

무궁한 세월이 지나가니
죽음이 끝나고 영생의 세계를 본단 말인가?
운수있는 저 사람은 영생의 시작을 보고 돌아가지만,

운수 없는 저 사람은 영생을 몰라 흉하네.

(無窮세月지내가니 死末生初보단말가 운수잇는 저사람은

生初보아 歸一치만 운수없는 저사람은 生初몰나歸凶하네)

제19장. 축복받은 한반도

이 땅을 다녀가신 수많은 선지자와 도인(道人)들은 예견했다. 한국이 21세기의 세계를 다스리는 정신지도국이 될 것이며, 20세기말의 환란이 오기 전에 마지막 메시아인 성인(聖人)이 출현하여 사람들에게 꿈과 희망을 제시할 것이라고 했다.

그것은 유불선(儒佛仙)을 합한 초종교적인 정신혁명이고, 새로운 의식혁명이 될 것이라고 예견했다.

인도의 시성(詩聖) 타고르는 동방의 해뜨는 나라 한국에서 인류의 희망을 제시할 것이라고 했고, 예수는 동방의 해뜨는 나라에서 흰 옷 입은 무리들이 진리의 표상이 되리라고 말씀했고, 부처는 "바다 건너 비로자나 장엄경이 있는데 미륵보살 마하살이 그 안에 계시며, 본래 태어난 곳의 부모와 친척과 여러 사람을 거두어서 성숙시키려는 것"이라고 했고, 신교총화를 남긴 자하선인(紫霞仙人)과 대순전경을 남긴 증산과 명나라 때의 철인(哲人) 주장춘은 금강산 일만이천 정기를 받아 12,000 도인(道人)이 탄생하여 세계 인류를 구원할 것이라고 했고, 조선 시대 북창 정염 선생은 "조선 강산명산이라 도통(道通) 군자가 다시 난다"고 했으며, 사명당이 갱생하리라고 예견했다.

그렇다! 우리 민족은 참으로 위대한 민족이다. 한인, 한웅, 단군시대의 문화를 주도했던 신선도(神仙道) 정신의 후손이다. 그동안 우리 민족이 신선도(神仙道)의 맥이 끊어져 주체적인 정신을 잃고 강대국의 문화침투 속에서 타락하고, 눈치보고, 시달리며 물질문화에 타협하는 희망없는 삶을 살았지만, 우리 의 몸 속에는 한인, 한웅, 단군 시대의 신선도 문화의 위대한 유전자가 들어 있는 것이다.

앞으로 우리 민족은 이 위대한 유전자를 개발해서 다시 민족 의 위대한 정신을 되찾아, 인류애로 승화시켜 지구촌을 다녀가 신 이 땅의 혈통인 삼신할아버지와 모든 성인(聖人)들의 뜻에 보답해야 한다.

위대한 민족 한민족!

천기(天氣)와 지기(地氣)가 떠나 고통과 시련의 몇천년을 보 냈지만, 다시 천기(天氣)와 지기(地氣)가 한민족을 축복하는 시기가 오니 선도문화(仙道文化)가 크게 보급될 것이다.

우리 모두는 정신을 차려서 순수의식의 발현으로 개인완성과 전체완성의 대역사에 동참해야 할 것이다.

질 문

한반도로 기운이 몰려오고 우리나라의 산천이 살아난다고 하셨는데, 언제부터 입니까?

석 정

1988년을 전후로 해서 강하게 밀려오고 있습니다.

질문

〈격암유록〉에도 우리나라로 기운이 몰려온다는 내용이 있습니까?

석 정

〈격암유록〉 말운가에 다음과 같이 있습니다.

우리나라 금수강산에 천하의 기운이 돌아오니
유사이래 즐거운 도로다.
조선이 세계 중심의 출발이요 세계만방의 부모국이요
모든 왕 중의 왕이로다.
(錦繡江山我東方 天下醉氣運回鮮 太古以後初樂道 始發中原槿花鮮
列邦諸民父母國 萬乘天子王之王)

〈격암유록〉 말운론에 또 다음과 같은 내용이 있습니다.

운이 돌아서 조선은 중원땅 신선국이 되니

산천과 일월은 이 운을 만나
군주의 시조가 나오는 운수로다.
도를 추구하는 군자는 원을 푸는 날이니.
(運回朝鮮中原化 山川日月逢此運 君出始祖回運來 訪道君子解冤日)

〈격암유록〉 가사요에 다음과 같은 내용이 있습니다.

금수강산이 금 길이고 금운(金運- 추수)을 만나
서쪽의 기운이 동쪽으로 모이니 태고이후 처음맞는 선경이요.
전후무후한 중원국이 되니 마귀를 따르던 무리의
비웃음소리가 비로소 그치리.
(錦繡江山金街路 西氣東來金運回 太古以後初仙境 前無後無之中原鮮
從鬼魔嘲笑盡)

질 문

우리나라에 큰 기운이 몰려오고 있다니 흥분됩니다. 기운은
구체적으로 어떻게 옵니까?

석 정

총체적인 운세가 강하게 전개되는 것입니다. 지기(地氣)가
올라올 때 가능합니다. 미국과 일본이 세계를 지배하는 것도
이러한 연유이지요.

질 문

지기(地氣)는 힘을 동반한다고 하셨는데 천기(天氣) 즉, 자미원(紫微垣)의 기(氣)는 어떤 의미가 있습니까?

석 정

천기(天氣)는 혈(穴)을 열어줍니다. 즉 영성(靈性)을 진화 시키지요. 천기는 끊어지고 지기(地氣)만 온다면 힘으로 밖에 세계를 지배할 수 없습니다. 때를 맞추어 천기(天氣), 즉 자미원(紫微垣)의 기(氣)가 고명한 분을 통해 내려오니, 이 기운을 통해 깨달음을 얻을 수 있습니다.

천기(天氣), 지기(地氣)를 통해 힘을 동반한 도덕성으로 세상을 다스리는 정신지도국이 되는 것이지요. 이러한 섭리가 우리 민족에게 온것입니다.

〈격암유록〉 생초지락에 다음과 같은 내용이 있습니다.

세상의 많은 나라의 모임에서 선출된 조선은
만세의 중흥국이라.
대화합의 문이 주야로 통하고
때를 맞이하여 세계 만방에서 찾아오고
춘삼월처럼 꽃피니 정말 좋구나.
(世之起言幾國會 造船萬世中與國 大和門開晝夜通 始起始起萬邦來
春三月之花正好)

〈격암유록〉 말운론에 다음과 같은 내용이 있습니다.

무궁화 나라 조선 땅에

창생을 구원하는 빛이 비쳐

영웅군자들이 동에서 서에서 몰려와

신선으로 합하리라.

 (槿花朝鮮 瑞光濟蒼生 英雄君子 自西自東集合仙中矣)

〈격암유록〉 격암가사에 또 다음과 같은 내용이 있습니다.

하늘의 주인인 진리의 신이 오셨으니

세계 열강이 다 오리라.

동서의 하나의 기운이 몸으로 재생하니

어찌 사람이 선한 마음과 화합함이 생기지 않겠는가?

인도, 프랑스, 영국, 미국, 러시아 등 열강들이

한국에 와서 보응을 하며 은혜에 보답하리.

 (道神天主 이러하니 英雄國서 다오리라 東西一氣再生身

 何人善心不和生고 印度佛國英米露國 特別朝鮮報라)

천기(天氣)와 지기(地氣)를 받아 12,012명의 도통(道通)군자
가 탄생하는 내용이 〈격암유록〉 송가전에 있습니다.

후천세계의 역의 도수로 넘어감으로

천부인이 다시오니,

선남선녀들이 해인 속에 성장하고

하늘의 정역시대의 이기조화법이

선도로 바르고 밝게 내려오니 일만이천십이파라.

(後天落書又已去로 中天印符更來하니 長男長女印符中에

天正易理奇造化法이 仙道正明天屬하야 一萬二天十二派로)

제20장.
〈격암유록〉에 기록된
앞으로의 예언

〈격암유록〉에 기록되어 있는 앞으로의 중요한 예언은 몇 가지로 정리할 수 있다.

첫째는 한민족의 염원인 통일의 시기에 대한 예언.

둘째는 강력한 깨달음의 기운이 내려와 많은 사람들이 깨달을 시기에 대한 예언.

셋째는 인류의 시련기에 특별한 장소인 십승지(十勝地)에 들어가는 시기에 대한 예언.

넷째는 선도문화(仙道文化)의 보급을 통하여 전체완성의 시기에 대한 예언.

그리고 마지막으로 다섯번째는 3차대전의 큰 시련에 대한 예언으로 요약된다.

질문

앞으로 전개될 사항에 대하여 설명해 주십시요.

석 정

물질만능의 시대를 거쳐 가치관이 대혼란을 맞는 시대가 올 것입니다. 그것은 기존의 정치와 종교와 문화가 사람들의 욕구를 충족시키지 못하기 때문입니다.

사람들은 두가지 형태로 분류될 것입니다. 한 부류는 즐기면서 사는 사람들과 또 한 부류는 자기 자신을 찾고자 노력하는 사람들입니다. 자기 자신을 찾고자 하는 부류에 의하여 선도수련(仙道修練)은 급속하게 보급될 것입니다.

질 문

통일의 시기에 대하여 설명해 주시지요.

석 정

통일의 시기에 대해서 〈격암유록〉 말운론에 다음과 같이 기록되어 있습니다.

통합의 해는 언제인가?

용과 뱀(辰巳)이 만나는 붉은 개(丙戌)의 기쁜 달이라.

이 때가 백의민족이 살아나는 해라.

(統合之年何時 龍蛇赤狗喜月也 白衣民族生之年)

질 문

용과 뱀은 무엇을 의미합니까?

석 정

용(龍)은 진(辰), 뱀(蛇)은 사(巳)를 의미합니다.

질 문

붉은 개는 무슨 뜻입니까?

석 정

붉은 것은 병(丙), 개는 술(戌)을 의미합니다.

질 문

그러면 통일의 구체적인 시기는 언제입니까?

석 정

육십갑자로 진(辰)과 병술(丙戌)이 들어가는 해는 2,000년과 2,025년이나, 2025년은 선도문화의 시대가 마무리 되는 시기이기 때문에 2000년 음력 9월(丙戌)에 통일이 될 것으로 보고 있습니다.

질 문

통일이 꼭 되어야 할 당위성이라도 있습니까?

석 정

북한에도 선도문화(仙道文化)가 들어가야 할 섭리가 있기 때문입니다. 하늘은 공평하게 기회를 줍니다.

질 문

2000년부터 전세계로 선도문화(仙道文化)의 보급이 본격적으로 이루어지게 되겠군요.

석 정

기(氣)의 문화가 도래하는 것이지요. 기(氣)를 알아야만 과학도 더불어 비약적으로 발전할 수 있습니다.

질 문

강력한 깨달음의 기운이 내려와 많은 사람이 깨닫는다고 하셨는데, 그 시기는 언제입니까?

석 정

〈격암유록〉 은비가에 다음과 같은 내용이 나옵니다.

진인이 출세하는데
세번의 운으로 세번 나오는 것이 천시(天時)이다.
첫번째 사람이 나오는 것은 화(火)운 중
진사(丙辰丁巳)년이다.
두번째 진인이 출세하는 시기는
수(水)운 중 진사(壬巳 癸巳)년에 천사가 나오며,
세 성인(聖人)이 이 강산에 내려온다.

세번의 진사년에 삼성(三聖)이 출세한다.

(人出人出眞人出 天時三逆三時出 初出預定人間出 火中初産龍蛇時

次出眞人動出世 水中龍蛇天使出 三聖覓乃降島山 三辰巳出三聖出)

질 문

풀어서 쉽게 설명해 주시지요.

석 정

첫번째 사람이 나오는 것은 병진(丙辰)년과 정사(丁巳)년으로 기록되어 있습니다. 이것은 1976년과 1977년을 의미합니다. 이때에 고명한 분이 나왔다는 것입니다.

두번째 진인이 출세하는 시기는 임진(壬辰)년과 계사(癸巳)년인데, 이것은 2012년과 2013년을 의미합니다. 개인적인 소견으로는 이 시기까지 12,000 도인이 나오리라고 예견합니다.

세번째 12,000 성인(聖人)은 많은 사람들을 대동하고 특별한 장소인 십승지(十勝地)로 들어가 수도(修道)하며 마지막 진화의 노력을 하리라고 봅니다. 인류의 1%정도로 예상하고 있습니다.

질문

도인(道人)들이 많은 사람을 대동하고 십승지(十勝地)에 들어가는 시기는 언제입니까?

석 정

그것은 〈격암유록〉 무용출세지장에 기록되어 있습니다.

세번의 때 중에 중간을 택하라.

처음의 때는 진사오미인데 절반은 살 것이요.

중간의 때는 신유술해인데 모두 살 것이고

인묘진사는 말동인데 죽으리.

(三時中收 辰巳午未 先動之反 申酉戌亥 中動之生 寅卯辰巳末動之死)

질 문

풀어서 설명해 주십시요.

석 정

처음의 시기인 진사오미(辰巳午未)는 2012년, 2013년, 2014년, 2015년을 뜻합니다. 이 시기에 십승지(十勝地)에 들어간 사람들은 수도(修道)하다가 끝까지 견디지 못하고 중간에 다시 세상으로 나오는 사람이 많을 것이라는 내용입니다. 그래서 반수 정도가 살아남는다고 한 것입니다.

중간의 시기인 신유술해(申酉戌亥)는 2016년, 2017년, 2018년, 2019년을 의미하는데, 이 시기에 들어간 사람은 모두 성공한다는 내용입니다. 이 시기에는 신앙인들이 크게 각성하기 때문에 신앙인들이 주류를 이룰 것으로 봅니다.

마지막인 시기는 인묘진사(寅卯辰巳)인데 2022년, 2023년,

2024년, 2025년을 의미하며, 시간이 없어 모두 실패한다는 내용입니다.

질 문

시간이 없다는 것은 무슨 뜻입니까??

석 정

2023년 이후의 지구의 미래에 대해서는 기록이 없습니다.

질 문

선도문화(仙道文化)의 보급을 통한 전체완성의 시기는 언제입니까?

석 정

〈격암유록〉 말운론에 기록되어 있습니다.

신유(申酉)년에는 병사가 사방에서 일어나고

술해(戌亥)년에는 사람이 많이 죽으리라.

자축(子丑)년에는 머뭇거리며

인묘(寅卯)년에는 세상에서 알 것이다.

진사(辰巳)년에 성인(聖人)이 출세하고

오미(午未)년에는 집집마다 즐거움이 가득하리라.

(申酉兵四起 戌亥人多死 子丑抽未定 寅卯事可知 辰巳聖人出

午未樂堂堂)

질 문

풀어서 다시 한번 설명해 주시지요.

석 정

신유(申酉)년은 2004년과 2005년을 의미하는데, 국지전이 많이 일어날 것으로 예견했습니다. 술해(戌亥)년은 2006년이나 2007년을 의미하고 많은 사람이 죽으리라는 예상입니다. 자축(子丑)년은 2008년과 2009년으로 아직은 때가 아니라는 뜻입니다.

인묘(寅卯)년은 2010년과 2011년을 의미하고 이제야 비로소 세상에서 이해하리라는 것을 예상했습니다. 진사(辰巳)년은 2012년이나 2013년을 의미하며, 12,000 도인(道人)의 탄생을 예상했습니다.

오미(午未)년은 2014년과 2015년을 의미하며, 진리를 구하고자 하는 사람과 가정에 복음이 내리는 시기로 예상했습니다.

질 문

전체완성이 마무리 되는 시기는 언제입니까?

석 정

〈격암유록〉 세론시에 다음과 같이 기록되어 있습니다.

상진사(上辰巳)는 자수성가하고,
중진사(中辰巳)는 십년구혼하고,

하진사(下辰巳)에 덕을 완수하고

촛불이 밝혀지고 금슬의 즐거움을 누리리.

(上辰巳自手成家 中辰巳求婚 仲婚十年 下辰巳成德握手

華燭東方琴瑟之樂)

질 문

풀어서 설명해 주십시요.

석 정

상진사(上辰巳)는 1988(戊辰)년에서 1999년까지를 의미합니다. 이 시기에 인류구원의 사명을 받은 개인이나 단체는 외부의 도움이 없이 스스로 노력해서 일을 만들어야 합니다. 고생이 많이 되고 온갖 오해도 받겠지요. 그래서 자수성가라고 기록한 것입니다..

중진사(中辰巳)는 2000(庚辰)년에서 2011년까지를 의미하는데, 본격적으로 세상에 선도문화(仙道文化)를 보급하는 시기이지요. 그래서 구혼한다고 표현했습니다.

하진사(下辰巳)는 2012(壬辰)년에서 2023년까지를 의미합니다. 사명이 마무리 되는 시기입니다. 그래서 금슬의 즐거움을 누린다고 표현했습니다.

질 문

3차대전에 대한 내용도 있습니까?

석 정

〈격암유록〉 은비가에 다음과 같은 내용이 있습니다.

슬프도다 사람들아!

말세에 다섯 가지 운수가 있네.

첫째, 붉은 피가 천지에 사년간 흐르는 운수요.

둘째, 붉은 피가 천지에 이년간 흐르는 운수요.

셋째, 붉은 피가 천리에 일년간 흐르는 운수요.

넷째, 붉은 피가 천리에 한달간 흐르는 운수요.

다섯째, 붉은 피가 천지에 하루동안 흐르는 운수다.

(嗟乎哀哉人人覺 五逆之中 一逆論則 赤血千里 四年間 二逆論則

赤血天里 二年間 三逆論則 赤血天里 一年間 四逆論則 赤血天里

月間 五逆論則 赤血天里 一間)

※ 이 내용은 우리 민족의 전쟁의 역사인 임진왜란, 병자호란, 6.25전쟁, 4.19의거를 의미합니다. 중요한 것은 다섯번째 하루동안의 전쟁인데, 이것은 심각하게 받아들여야 되는 예언입니다.

질 문

구체적으로 시기를 기록한 부분은 없습니까?

석 정

있습니다. 〈격암유록〉 가사총론에 다음과 같은 내용이 나와
있습니다.

임진왜란의 초운에는 송(이여송)이 사는 방법이요,

병자왜란의 중운에는 집에 머무는 것이 사는 방법이요,

계묘년 말운에는 궁궁이 사는 방법이라 전했다네.

(黑龍壬辰初運으로 松松之生마쳤으며 赤鼠丙子中運으로

家家之生마쳐있고 玄兎癸卯末運으로 弓弓之生傳햇다네)

질 문

계묘(癸卯)년은 언제입니까?

석 정

2023년을 말합니다. 몇번 말씀드렸지만 그 이후의 기록은 없
습니다.

제21장. 전체완성의 시대

물질을 중심으로 한 이기심과 욕망의 대가로 인류는 인류가 행한 업(業)보를 받게 된다. 그것은 낮은 차원의 의식체들의 당연한 결과이며, 자연법칙이며, 우주의 법칙이며, 질서이다.

지구촌이 탄생하고, 인류가 맞이하는 최고의 시련이 지나가고, 선도수련(仙道修練)을 통하여 고차원의 의식을 가진 인류들에 의해 지구는 새로운 정신문명과 과학문명을 이루게 될 것이다.

이 시대를 한세계, 황극(皇極)시대, 황금(黃金)시대, 신명(神明)시대, 우주시대, 보병궁시대라 일컫는다. 이 시대는 너와 내가 없는 절대적인 조화의 세계로, 예수는 천년왕국이라 했고 부처는 미륵시대라고 했다. 증산은 이 시대를 이루는 것은 천지공사라 했고, 많은 선지자들은 용화(龍華)세계라고 했다.

이 시대는 지축이 서는 정역시대이며 지구는 융기와 침강을 해서 새로운 판도를 만들고 은하계의 중심인 자미원(紫微垣)의 기운과 바로 연결되는 시대이다.

고차원의 에너지의 장(場)이 지구에 형성 되고, 고도의 정신 문화와 더불어 과학은 극도로 발달하여 우주를 여행하는 우주시대가 열린다고 모든 선지자들은 예견했다.

질 문

고도의 정신문명과 과학문명의 시대가 오고 지구는 고급 에너지의 장이 형성된다는데, 지구에 그런 시대가 처음으로 오는 것입니까?

석 정

그렇지 않습니다. 지구는 우주의 질서와 법칙에 의하여 저급 에너지의 장과 고급 에너지의 장이 교차됩니다. 구약성서를 보면 그 당시는 고급 에너지의 장 속에서 고도의 영적진리를 체득한 인류가 살았다는 기록이 있습니다.

평균수명도 900세 이상이나 됩니다. 우리 상고사에도 한인천제 시대에는 일곱명의 천제께서 3,300년을 다스렸다는 기록이 있습니다.

질 문

원시반본(原始反本)의 원리군요.

석 정

그렇습니다. 저급한 에너지 장 속에는 저급의 영혼들이 육체를 빌려서 삶을 통해 진화를 이루고 고급에너지의 장 속에는 거기에 상응하는 인류가 살게 됩니다.

저급한 에너지의 장 속에서 진화를 이루는 인류에게 영성(靈性)을 크게 진화 시킬수 있는 시기와 섭리가 이 시대에 온 것이라 설명할 수 있겠습니다.

질 문

성인(聖人)들은 그 시대를 예견했습니까?

석 정

그렇습니다. 부처님은 다음과 같이 예견했습니다.

그 때는 기후가 고르며, 4시(四時)가 조화되며, 사람의 몸에는 병환이 없고, 욕심, 성냄, 어리석음이 없어지고 사나운 마음이 없으며, 서로 보면 기뻐하고 즐거워하며 착한 말로 행하는 언사가 똑같아서 월단월 세계와 같으니라.

그 때는 세상의 백성이 골고루 다 잘 살아서 차별이 없으며, 국토는 거울처럼 말쑥하고 깨끗하여 평탄하고 고르며, 사람의 수명이 극히 길어지고 모든 병환이 없어져 여자는 500세가 된 후에 시집을 가느니라.

질 문

놀랍군요. 그러면 예수님께서는 어떻게 예견하셨습니까?

석 정

다음과 같이 예견 하셨습니다.

인간들은 세계교회를 이해할만큼 신성한 사상을 가지고 있지 않다.

그런고로 하느님이 나에게 명하신 것은 세계교회를 세우는 일이다. 나는 단지 모델을 만드는 사람일 뿐이다. 장래 세워질 교회의 모형을 만들기 위하여 보내진 것이다. 이 모델은 그 시대의 사람들이 이해할 수 있을 것이다.

하늘아래 높고 낮은 자가 없이 먼저 익은 자와 나중에 익은 자의 차이가 있을 뿐이며, 하느님의 섭리는 언젠가는 그 사람들을 모두 구원해 주신다.

나는 내 속에 아버지가 거하시고 아버지 속에 내가 거하게 된 완성인간에 지나지 않으며, 내 뒤에 오실 분이 나보다 큰 일을 하실 것이다. 종말에는 모두 나와 같이 되어야 하며 또 그렇게 되리라.

구한말에 이 땅을 다녀가신 대선인(大仙人) 증산은 그 세계를 후천세계라 표현하며 다음과 같이 예견하셨습니다.

후천에는 천하가 한 집안이 되어 위무(威武)와 형벌을 쓰지 않고 조화로써 중생을 다스려 화할지니, 벼슬아치는 직품(職品)을 따라 화권(化權)이 열리므로 분의에 넘치는 폐단이 없고, 백성은 원통과 한(恨)과 상극과 사나움과 탐심과 음탕과

노여움과 모든 번뇌가 그치므로 성음소모(聲音笑貌, 말소리와 웃는 모습)에 화기(和氣)가 무르익고 동정어묵(動靜語默)이 도덕과 합하여 쇠병사장(衰病死葬)을 면하여 불로불사(不老不死)하며, 빈부의 차별이 철폐되고 맛있는 음식과 좋은 옷이 요구하는 대로 서랍 속에서 나타나며 모든 일은 자유욕구에 응하며, 신명(神明)이 수종들고 운거(雲車)를 타고 공중으로 날아 먼 데와 험한 데를 다니며, 하늘이 나직하여 오르내림을 뜻대로 하며, 지혜가 밝아서 과거, 미래, 현재, 시방세계(十方世界)의 모든 일을 통달하며 수화풍(水火風)의 삼재(三才)가 없어지고 상서가 무르녹아 청화명려한 낙원으로 화하리라.

질 문

〈격암유록〉에서도 그 시대에 대해서 묘사했습니까?

석 정

물론입니다. 〈격암유록〉 말운가에서 다음과 같이 기록하고 있습니다.

새처럼 날으며 번개같은 이 차는
신의 비행기인데 천사가 왕래하도다
서기가 가득하니 우리 나라는
세계의 가장 높은 곳에 우뚝서리라.
(鳥霆進車神飛機 天使往來 瑞氣滿我邦雲宵高出世)

질 문

우주시대를 예견한 내용입니까?

석 정

그렇습니다. 〈격암유록〉 내패예언 60세에 다음과 같은 내용
이 있습니다.

금은보화는 쓰고 남으며 화평한 시대의 관리는

정의의 법을 세워서 감독하게 한다.

이후 다시는 낮에 햇빛이 강하게 비치지 않으며

밤에 달빛이 환하게 비치지 않도다.

일곱 색깔의 보석의 빛이 비치니

열방사람들이 그 빛을 바라보고 복된 땅으로 오도다.

(金銀寶貨用剩餘 和平用官正義立. 爲監督更無强 日光盡更無月光之極

七日色寶石照 列邦望色福之來)

다시는 달의 이즈러짐이 없고 밤이 없는 광명 시대라.

당대에 천년임을 사람마다 깨달으라.

(更無月虧不夜光明 當代千年人人覺)

〈격암유록〉 말운론에 또 다음과 같은 내용이 있습니다.

창생들이 무슨 일을 하여 처연히 세상이 바뀌겠나.

처음 맞는 즐거운 대진리가 하늘로부터 내려 왔네.
전무후무한 중원땅의 밝고 밝은 궁전에서 대화합의 문을 연다.
햇빛조차 무색한 구슬로 장식한 아름다운 문이라.
(蒼生何事轉悽然 初樂大道天降時 前無后指中原和 淸陽宮殿大和門
日無光珠玉粧)

〈격암유록〉 생초지락에도 그 시대의 아름다움을 표현한 극치의 내용이 있습니다.

깨끗하고 정결한 땅에 선경을 이루고
금은보석으로 4천리 성을 쌓아
높은 곳에서 세상을 내려다보며
열두대문을 밤낮으로 열어 놓고
선관과 선녀가 안내를 맡으며
동자와 옥녀가 천사와 같이
감탄을 자아내는 맑은 소리로 노래한다.
밤이 없는 낮으로 하늘에 구름이 높이 떠있고
눈과 나비처럼 쌍쌍이 오고가고
가는 버드나무 사이에서 꾀꼬리 소리는 계곡을 감돌고
백조가 우는 소리와 화음을 이룬다.
계수나무 위 달 속에 궁이 있고
그 아름다움의 영광이 비길 세계가 없구나.
청량한 궁 속에 임금이 있고

수정같은 유리국이며 금으로 만든 사방 가로상에 사람들이
좋은 세월을 노래하고 세월가는 줄을 모르도다.
해마다 수명을 늘일 수 있는 법이 있어
부모님은 천수를 누리고 자손은 만세토록 번영한다.

(淨潔淨土別天地 金築寶城四千里 天長高臺空四肘 十二門開晝夜通
仙官仙女案內入 金童玉女天君士 彈琴一聲淸雅曲 不撤晝霄雲高
如雪白蝶雙去來 細柳之間黃鳥聲 溫谷白鳥昨昨聲 桂樹天上月中宮
憐然榮光無比界 淸陽宮殿日中君 水晶造制琉璃國 金街路上歌人
無窮歲月彈琴聲 不知歲月何甲子 延年益壽初生法 當上父母千壽
膝下子孫萬歲榮 天增歲月人增壽)

　진리를 전파한 수고로움을 해준 사람들에 대한 내용은 〈격암
유록〉 생초지락에 있습니다.

채찍을 던져 사해의 마귀를 멸하도다.
기운이 극에 이르면 돌아가는 이치처럼
가을비 내리고 눈꽃 날려도
따뜻한 봄바람 부는 좋은 시절이 오니
만고풍상을 겪은 과거의 객이지만
천하의 모든 일이 응답이 있으니 선인이 되도다.
춘하추동 사시절을 소나무 잣나무처럼
비바람을 이겨내니 군자의 절개가 이 아닌가?
험난한 길을 극복하여 완성한 이는 천지를 손 안에 두니

사방의 현명한 선비들이 많이 오리라.

(投鞭四海滅魔爭 至氣順還萬事知 秋雨青山六花飛 春風好時陽照

萬古風霜過去客 天下萬事應和仙 春夏秋冬四時松柏 凌雪君子節

萬馣千奉弓弓士 天地都來一掌中 四方賢士多歸處)

〈격암유록〉 세65에 또 다음과 같은 내용이 있습니다.

아름답구나!

신선이 사는 세계에서는 애곡하는 소리를

영원히 들을 수 없고 악도 죽음도 없다.

유아가 낙태해서 죽는 일도 없고,

100세 이상의 수명을 누리도다.

(美哉仙中 兮哀哭之聲 永不聽之 惡死幼兒 無不萬壽 落胎之死

百歲之上壽)

목인이 사는 신인세계는 별천지구나!

해인으로 만사형통하고

악한 질병은 구름 속으로 몰아내고

억울한 영혼을 씻어 밖으로 사라지게 하도다.

선경이며 사람 사는 곳이 아니로다.

무릉도원 복숭아밭이 있고

사람의 수명은 계수나무 같이 영원히 늙지 않으며,

흰머리가 검어지고 빠졌던 이가 다시 나도다.

(木人神屋別天地 海印役使 萬事如意亨通 風驅惡疾雲中去

雨洗寃魂海外消 別有天地非人間 武陵仙境種桃地 人壽如桂永不衰

白髮忽然黑首化 落齒神化復達生)

택함을 받은 사람의 수고는 헛되지 아니하고

생산된 물건은 재난을 당하지 않는다.

산도 들도 아닌 곳에 거주하며 자손 만대 영화를 누리리.

(擇人手苦不歸虛 生産之物不逢災 非山非野居住人 子孫世世萬代榮華)

질 문

산도 들도 아닌 곳이라면 어디를 의미합니까?

석 정

자미원(紫微垣)을 말합니다. 중생구제의 사명을 다한 사람만 이 들어갈 수 있지요. 〈격암유록〉 은비가에서도 이렇게 묘사했습니다.

해인의 용궁은 한가로이 밝으며

목인이 새로운 천지를 열었구나.

악한 질병은 구름 속으로 물리치고

억울한 영혼은 해인 밖으로 없애니

신선이 사는 별천지구나!

무릉도원이 궁궁지이며,

산도 아니고 들도 아닌 어디메냐?

영주방장 봉래산이며 신선이 사는 세계 이곳이다.

인생을 창조하는 삼신의 주인이요,

동해삼신 역시 이산이다.

(海印龍宮閒日月　木人新幕別乾坤　風馹惡疾雲中去　雨洗寃魂海外消

別有天地非人間　武陵桃源弓弓地　聖山聖地吉星照　兩白三豊有人處

非山非野何處地　瀛州方丈蓬來山　紫霞島中亦此地　人生造物三神主

東海三神亦此山)

〈격암유록〉 격암가사에 또 다음과 같이 묘사했습니다.

구름과 안개로 병풍처럼 가리우고

구름 다리로 하늘을 왕래하니

이곳이 완성의 세계 선경인가?

(雲霧屛風가리우고　雲梯玉京往來하니　是日仙境十勝인가)

질 문

깨닫고 중생을 구원하는 사명을 다해야 자미원(紫微垣)에 들어갈 수 있다고 했는데, 중생구원은 하지 않고 깨닫기만 한 경우는 어떻게 됩니까?

석 정

다시한번 내려와 사명을 다해야 합니다. 그렇기 때문에 사명의 시기를 놓치지 않으려면 부지런히 정진해야 합니다.

완성의 세계에 대한 묘사는 〈격암유록〉 극락가에 또 나와 있습니다.

유리같은 천국의 세계에 하늘의 주인이 지키니
동방삭의 수명과 석숭공의 부귀가
어찌 양인의 수복에 비하리.
(心和璃流天國界 天主侍衛金石屋 東方延壽石崇富 兩人壽福豈比也)

※ 양인(兩人)은 옷도 희고 마음도 희다는 뜻으로 완성인간을 의미합니다.

제22장. 우주인의 메시지

근래에 들어와서 빈번하게 UFO가 출현해 화제를 낳고 있다. 우주인에 대한 필자의 견해는 인체의 정신계 시스템을 개발하여 인간완성을 이룬 인류라고 본다. 인간완성 이후에도 사명을 이루어야 되기 때문에 지구에 나타나 계속 메시지를 주는 것이라고 생각한다.

이제는 UFO와 우주인의 존재유무를 떠나 그들이 지구촌의 인류에게 전하고자 하는 메시지에 귀를 기울여야 할 것이다.

그래서 많은 우주인의 메시지를 접하고 설득력이 있는 메시지의 부분을 정리해서 적어본다.

폴란드 태생의 「우주인 연구의 아버지」라고 불리는 「아담스키」가 1952년 11월 마하네 사막에서 우주인을 만나 지구궤도를 돌고 있는 우주모선으로 가서 들었다는 메시지를 정리해 보면 다음과 같다.

아담스키

당신들은 어떤 존재인가?

우주인

우리는 깨달음을 얻은 존재이다. 우리는 누구나 4차원적인 존재이지, 육체에 얽매인 존재가 아니다.

아담스키

우주원반의 비행원리는 무엇인가?

우주인

그대들은 우리의 배를 하늘을 날으는 원반이라고 부르고 있다. 말하자면 비행기와 같다고 생각하고 있는데, 우리들이 타고 다니는 원반은 그런 식으로 날으는 것이 아니라 어떤 기계적 조작으로 대기를 무(無)로 만든다. 우리는 이렇게 함으로써 대기의 간섭이나 저항에서 완전히 해방되어 자유롭게 날 수가 있다.

또 원반의 에너지원으로는 우주공간의 어디에나 있는 자연의 힘을 이용하고 있다. 현대의 인간들은 이런 자연 에너지를 모르고 있지만 인류의 선조인 고대인들은 자연 에너지를 사용하여 피라미드와 같은 거대한 건물을 만들 수 있었던 것이다. 인류의 에너지 문제를 해결하기 위해서는 자연을 정복하지 않으면 안된다.

아담스키

당신들이 이렇게 자주 지구를 왕래하는 목적은 무엇인가?

우주인

우리는 현재 인간을 위협하고 있는 중대한 위험에 대해 충고를 해주기 위해서 이렇게 오는 것이다. 우리는 누구보다도 우주에 대하여 정통으로 알고 있다.

그래서 현재 지구를 뒤덮고 있는 핵무기를 주시하고 있다. 일단 그것이 폭발하면 지구만이 폭발하는 것이 아니라 우주의 균형이 무너져 우주 전체를 파괴해 버릴 수도 있다.

현재 지구상에 팽배해 있는 이기적인 마음이 아니라 모든 것을 포용하고 우주적인 대생명을 안고서 살아가는 것을 배울 때 인간에게는 참평화가 깃들게 될 것이다.

아담스키

지금은 어떤 시기인가?

우주인

지구는 이제 우주시대로 다가서고 있다. 이제까지의 지구는 이른바 투쟁의 시대로 모든 사람들은 황금을 신보다도 더 숭배하며 그것을 가지려고 투쟁해 왔다.

그러나 이른바 우주의 시간대가 보병궁자리로 들어오면서 이러한 투쟁의 시대는 종결 지워질 것이다. 지구인은 자연의 변화와 함께 리듬에 따라서 진보하는 방법을 배워야 한다.

아담스키

윤회(輪回)와 죽음에 대해 알고 싶은데?

우주인

하나의 혹성에서 많은 영적진화를 한 자는 마음대로 다른 혹성에 가서 재생(再生)할 수 있으며, 이러한 목적을 위해서는 두가지 길을 택할 수 있다.

첫째는 탄생이라는 길을 통해 전생(轉生)을 꾀하는 것이고, 두번째는 생신(生身)으로 우주선을 타고 바로 혹성으로 가는 길이다.

수많은 인간이 재생(再生)을 통하여 지구로부터 다른 혹성으로 진화해 왔다. 또 소수이긴 하지만 금성에서 직접 지상으로 온 사람들도 있다.

우리에게도 지구상의 인류처럼 죽음이라는 것이 있지만, 우리는 그것을 죽음이라고 하지 않는다. 지구상의 인류처럼 죽은 사람을 가여워 하지도 않는다.

왜냐하면 우리는 죽음을 이 곳에서 저 곳으로 이사하는 것으로 생각하고 있기 때문이다. 죽음의 본질이란 지금의 세계로부터 다른 차원의 세계로 옮겨가는 것이다. 그리고 그 때 인간의 육체를 구성하고 있는 것은 지구의 소유물이기 때문에 옮긴 별에 맞는 새로운 육체를 가지게 된다.

이렇듯이 인간이 생각하고 있는 우주는 너무 고정화되어 있는데 이것은 잘못된 생각이다.

그래서 우주 속에 사는 인간은 일시적인 존재가 아니라 영원의 화신이라고 말할 수 있으며, 우주의 별에서 또 다른 별로 전생(轉生)할 수 있는 것이다. 자연은 허심(虛心)을 찾는 자에게는 누구에게든 비밀을 털어놓는 법이다.

아담스키
지구의 최초의 주민에 대해 말해달라.

우주인
지구의 최초 부족은 12부족이었다. 세월이 흐르고 인류가 늘어남에 따라 또다시 몇개의 부족으로 분열하기 시작했고, 각 부족들은 인류전체를 지배할 권리를 요구하였다.

각 부족마다 하늘의 선택을 받았다고 믿었기 때문이다. 그 혼란 상태를 바로 잡기 위해서 우리는 여러 인물들을 파견했던 것이다.

그들은 흔히 구세주로 알려진 사람들이다. 그들의 사명은 지구인들을 옛날의 깨달음으로 돌아갈 수 있도록 돕는 일이었다. 인간의 지식 따위는 우주의 전능에 비하면 한낱 미명에 지나지 않음을 깨닫기만 하면 인간은 우주의 품으로 복귀할 수 있다.

아담스키
극의 이동에 대해 설명해 달라.

우주인

지금도 지구의 축은 조금씩 움직이고 있다. 신기할 것은 아무것도 없지만 주기가 한번 돌아서 완전히 지축이 서게 되면, 바다밑에 있는 육지의 대부분이 솟아오르고 반대의 육지는 가라앉게 된다.

그렇게 되면 극한과 극서가 없어지며 인간의 수명도 늘어나게 된다. 그러므로 우주법칙에 따라서 살아가는 방법을 몸에 익히면 하나의 육체를 가지고 천년쯤은 충분히 살 수가 있게 된다.

때가 되면 전세계의 유색인종들이 일어나서 평등과 존엄함과 자유인의 권리를 요구할 것이다.

아담스키

인간의 역사에서 최대의 잘못은 무엇인가?

우주인

인간이 빚어낸 가장 큰 잘못은 절대로 나누어서는 안될 것을 쪼개어 버리는 것이다. 예의(禮義), 교의(敎義), 사상, 철학 등 이런 것들은 모두가 지구의 혼란상태를 가중시키는 구실밖에는 하지 못한다.

인간들은 서로 협력하기 보다는 대립하자는 공리를 만들어서 언제나 불행을 부르고 있는데, 이러한 것은 자신의 신성한 자성(自性)을 자신과는 별개의 것으로 만들어 버리는 것이다. 인간 속에 신성(神性)이 깃들어 있다는 것을 자각하라. 신성(神性)이란 물질적인 인간이 창조의 신과 합일되는 상태이다.

아담스키

당부의 말이 있다면?

우주인

언제나 순수한 마음을 지니면 질병이나 전쟁 따위에도 결코 꺽이지 않는 환희가 영원히 당신들의 자질(自質)이 될 것이다.

지금까지 아담스키 외에도 우주인과 접촉한 사람은 많다. 그들의 메시지를 보면 대부분이 지구의 장래와 인류의 위기를 알리는 내용이다. 요약해서 정리해 보면 다음과 같다.

· 앞으로의 시대는 지구인과 우주인이 접촉하는 시대이다. 인류의 파국은 일측촉발의 위기에 놓여있다. 그것은 현대라는 시대가 인간의 신비를 부정하고 자연의 균형을 파괴하였기 때문이다.

현대는 고대로무터 인간과 자연을 연결해온 신비적인 요소 즉, 물질과학 이상의 힘의 존재를 부정한 것이다. 인간이 인간의 정신균형을 다시 되찾지 않으면 자연의 힘은 인간 속에서 벗어나는 결과를 빚을 것이다.

· 새로운 시대가 다가왔으며 인류는 새로운 의식, 새로운 가치

관, 보다 높은 차원의 세계 등을 획득해야 한다. 어머니인 지구가 다시 태어날 날이 가까와졌으므로 우리는 충고를 한다.

· 지구의 역사가 지나치게 남성의 힘으로만 이루어져 있다. 앞으로 올 시대의 균형을 유지하기 위해서 지구인의 문화는 남성적인 면과 여성적인 면의 양면이 균등하게 발전되어야 한다. 지구에 새로운 시대가 찾아오기 전에 온갖 대이변이 계속 될 것이다.

· 그리고 자전축이 움직이고 있다. 현재 나타나고 있는 지구의 이상 기온은 자전축의 이동이 원인이다. 이렇게 온갖 지구의 대이변으로부터 살아남을 수 있는 길은 오직 인류의 의식을 높이는 길 뿐이다.

진화의 발걸음이 가장 느릴때야말로 최대의 내면적 행동이 필요한 때이기도 하다.

· 지구는 머지않아 33개로 된 우주의 혹성사회에 동참하게 될 것이다. 현대인류는 최후의 날이 우주의 예정표에 올라 있다고 해도 별다른 반응을 보이지 않을 정도로 무감각하고 타락해 있다. 지금 지구가 맞이하고 있는 것은 최후의 심판이 아니라, 하나의 변혁기이며 지구는 보다 의식이 높은 차원의 세계로 들어가려고 하고 있다.

얼마전 일본 불교계의 「기다노 대승정」은 1975년 7월 22일선통사라는 절에서 머무를 때, 4~5명의 우주인들이 찾아와 잠을 깨우며 전해주는 다음과 같은 소식을 들었다고 한다. 우리 나라 불교 신문과 기독교 신문에 실린 적이 있는 내용을 옮겨 본다.

· 지축이 흔들리면서 지각의 변동이 지구전체에 생긴다. 이렇게 된다고 모두 죽는 것이 아니라 일본의 경우에는 약 20만명 정도 살아남을 것이다. 친구의 나라이며 우방인 한국은 지구상에서 종주국이 될 것이며, 절대적인 핵심국가가 되고 거기에서 성현군자가 부지기수로 나와 사해만방을 지배하게 될 것이다.
· 대한민국은 가장 영광스럽고 무궁한 행운과 복락을 누리게 될 것이며, 세계에서 가장 많은 숫자인 425만명이 구원받게 될 것이다. 불원한 장래에 친구가 살고 있는 지구가 지상낙원화 될 것이니, 그 때 한국에서 다시 만나자.
친구여 안녕!

현재 스위스 취리히주에 살고 있는 농부 「마이어」는 플레이아데스 별무리에서 온 우주여인 「셈야제」 및 그의 동료들과 170회 이상의 컨텍트를 통하여 지구의 기원과 앞날, 삶의 존재가치 등을 자세하게 전해 주었는데, 일본 NHK TV와 우리나라 MBC TV에서 방영된 적이 있다. 「셈야제」의 메시지를 요약해 보면 다음과 같다.

· 우주에는 모든 것을 창조하는 존재가 있고 그것은 힘 중의 힘으로 힘을 낳고 진리, 지식, 영지(靈知)로서의 확실한 창조의 법칙인 생태계를 낳습니다. 이러한 힘이 충만한 존재야말로 창조인 것입니다.

창조는 전능(全能), 편재(偏在), 전지(全知)이며 무한한 행복, 무한한 아름다움, 무한한 사랑, 무한한 가치, 무한한 공급, 무한한 지혜로 표현됩니다.

인간을 진화시키는 것은 내부의 영(靈), 즉 창조입니다. 그 결과 인간의 영적지성이 한단계 높아지며 인격이 강화됨으로써 인생은 보다 행복해집니다.

창조가 없으면 인간은 호흡할 수가 없을 것이며, 생각하고, 보고, 인식하고, 들을 수 없을 것입니다. 하물며 외계를 체험한다는 것은 더더욱 바랄 수 없는 것입니다.

위대한 것, 영적인 것은 인간내부의 가장 깊은 곳에 존재하고 있습니다. 누구든지 자신의 내부에 무한한 힘을 가지고 있습니다. 무한한 힘, 그것이 창조입니다. 무한의 힘을 환기시켜 재대로 활동하는 것이 인생의 궁극적인 목표인 것입니다.

다시 말하자면 인생의 목표는 영적인 힘을 깨닫고 진화하고 발전시켜 나가는데 있습니다.

· 창조는 무한한 아름다움, 아름다움의 아름다움, 끝이 없이 무한하고 끝없는 행복, 영지, 지식, 능력, 진리 그리고 절대적인 확실성입니다. 인간이 이것을 깊이 인식하게 될 때 자기의 모든 기쁨이 근원적으로 무한한 창조의 환희로부터 온 것임을 알게되는 것입니다.

인간의 지성이 창조를 향하면 할수록 더욱더 빛을 발하고, 인격도 힘차게 성장하며 모든 활동과 생활이 축복받게 되는 것입니다. 그렇게 되면 보통 사람이 생각하고 있는 평안, 행복, 건강을 얻기 위해서 이용하는 지적, 물질적 수단이 모두 헛된 것임을 깨달을 것입니다.

· 창조와 인간과의 통신은 초고주파에 의하여 행해집니다. 물질세계의 모든 통신이 전파에 의해 행해지고 있듯이, 창조와 인간의 통신도 파장에 의해 실시되는 것입니다. 현재 지구과학의 수준으로는 뇌파로서 극히 약한 파장이 포착되고 있음에 불과합니다.

인간이 창조와 의식전달이 될 수 있을만한 초고주파를 내기 위해서는 의식의 집중이 필요하며, 의식집중의 훈련인 명상이 필요합니다.

순수 명상법은 호흡을 조절하거나 인공적인 리듬으로 바꾸는 것이 아닙니다. 오히려 호흡은 자연스러운 본래의 호흡에 맡기고 자연의 흐름을 향상시켜야 합니다. 자연 호흡법을 규칙적으로 실천해야 호흡의 균형이 잡히고 깊어집니다.

· 영계(靈界)라는 진실의 세계에서는 물질적 사안은 중요한 가치를 지니지 못합니다. 물질적 문제는 우리들이 살고 있는 현상의 세계에서는 높이 평가되지만 영(靈)의 세계에서는 무가치한 것이 됩니다.

현상계의 낮은 자가 영(靈)의 세계에서 위대하다고 주장하지만 결고 그렇지 않습니다.

영계(靈界)라고 하는 진실의 세계에서는 모든 면에서 조화와 평화와 절대적 평등아래에서 지배되고 있습니다. 인간이 영계(靈界)로 옮겨지면, 현상계에서 가장 높은 인간이 영계(靈界)에서는 가장 낮은 자리로 떨어진다든가 반대로 제일 변변치 못한 자가 위대한 자가 된다든가 하는 경우는 없습니다.

영계(靈界)에서의 모든 생명은 균형잡힌 이상적인 조화로 평등한 지위가 주어집니다. 현상세계에서 살고있을 때의 사회적 지위나 빈부의 차이와도 무관합니다.

영계(靈界)의 존재 이유는 인간이 태어나서 죽을 때까지 수집한 지식의 정리 정돈이나 선별에 달려 있습니다.

우주의식이 가득찬 영계(靈界)에 가면 모든 인간은 옳고 그릇된 것, 선과 악에 대한 판단을 논리적으로 할 수 있게 되므로 자기가 체득한 인식이 바른 것인가 잘못된 것인가를 스스로 판단할 수 있습니다.

올바른 것은 스스로의 잠재의식 속에 챙겨지고 잘못된 것은 다시 전생함으로써, 바로 잡을 때까지 사이클을 반복하게 되는 것입니다.

인간에게 주어진 사고능력은 창조와 의식교류를 함으로써 창조로부터 배우고 무한한 윤회를 되풀이 하면서 궁극적으로는 창조와 일체화 되기 위한 통신기능입니다.

이것이 바로 「인간은 왜 태어나는 것인가?」라는 오랜 의문에 대한 완전하고도 논리적인 해답이라고 할 수 있습니다.

· 창조 체험의 길은 의식적으로 영(靈)을 탐구하는 것과 진리에 관한 지식을 모으는 것으로 촉진됩니다. 만물 가운데 가장 가치있는 창조는 비현실적인 종교나 인간적 무지로서는 결코 얻어질 수 없습니다.

인간적 무지와 오도된 교리를 내포하고 있는 종교는 만물이 갖고 있는 가치의 원천, 생명의 생명, 모든 지성의 빛, 영(靈)과 창조를 인간으로부터 가로 막고 있습니다.

인간들이여! 창조의 영지(靈知)에서 힘을 얻으십시오. 영적인 인간은 창조와 몇십억번을 닿지 않고서는 자기의 손가락 하나도 움직일 수 없다는 것을 명확하게 알고 있습니다. 만물과의 영적인 일체감을 체험하고 있는 사람은 증오나 탐욕이 존재하지 않습니다.

· 인간이 행해야 할 가장 시급한 것은 이기주의, 유물주의, 교만, 질투, 탐욕 등과 같은 물질주의적 지적 사고력을 배제하

고 인내하며. 고도의 이해력을 육성시키고 우주적 보편적인 사랑의 인식과 실천, 영적지식을 깊게함으로써 자기내부에 있는 무한한 영적능력을 증대시키는 일입니다.

왜냐하면 이렇게 해야만이 창조의 법칙에 따르는 인식과 법도의 준수가 가장 완전하게 보장되기 때문입니다. 창조의 법칙에 따르는 인식과 법도의 준수가 이루어질때, 비로소 인간에게는 놀라운 영력(靈力) , 즉 창조로부터 에너지가 주입되게 되는 것입니다.

이것은 현실생활에서 실재적인 힘으로 증명될 수 있으며, 나아가서는 인간의 생활자체가 자유자재로 될 수 있다는 것을 의미하는 것입니다.

그렇게 되면 자신의 의지가 현상계에 나타나게 됩니다. 그렇게 생긴 의지는 결코 우연이나 운이 좋아서 생긴 불확실한 성질의 것이 아니고, 창조로부터의 존귀한 선물이라는 것을 스스로 확신하게 될 것입니다.

· 인간이 만물과의 일체를 달성할 수 있는 방법은 진정한 자신의 존재가 무엇인가에 대하여 깊이 생각해보는 것입니다. 일반적으로 인간은 육체를 자기 자신이라고 생각하고 있습니다. 그래서 마치 보물단지라도 다루듯이 자신의 육체를 보살피고 영양을 섭취하고 헌신적으로 다듬고 있습니다.

자신의 신체를 자랑하고 화려한 장식품으로 치장해서 자기 육체에 대한 환상에 매달리고, 신체적 정신적 고통에 괴로워하며 때로는 울부짓기도 하면서, 자기 스스로의 가치를 낮추어 심지어는 자살하는 일도 있습니다.

이것은 육체를 절대적인 것으로 생각하기 때문입니다. 그래서 결국은 자기를 진보하게 하는 영의 발달을 스스로 저지하게 됩니다. 흔히 육체 제일주의의 관념은 물질과 재산으로까지 확대됩니다.

그렇다면 영적진리를 통찰한 사람은 어떨까요? 그런 사람은 세계와 전우주에 존재하고 있는 모든 사상(事象)들과 모든 인간들이 자기와 일체라고 생각합니다. 창조와 영(靈)의 영지(靈知), 지식, 진리, 사랑, 인식을 체득한 사람은 만물은 모두 진리로부터 출현하고 있으며, 미래의 영겁에 거쳐 출현할 것임을 알고 있습니다.

따라서 그런 사람은 자기 스스로를 살아있는 모든 존재들과 동일시 합니다. 일체화란 우주의식과 함께 사랑의 본질이기 때문입니다.

셈야제는 그와 교신하는 농부 마이어에게 창조의 법칙과 법도로서 존재하는 49가지 (7*7) 인간진화의 단계표를 주었다. 지구인과 관계가 깊은 것만 게재했다. 1단계에서 49단계까지는 지구의 시간으로 대략 600억년에서 800억년까지 무수한 윤회가 거듭된다고 한다.

1. 초보적 인생(7단계)

2. 이성적 인생
   (1)이성의 초보적 발달과정
   (2)이성의 효과적 실현과 응용과정
   (3)높은 영향력의 초보적 인식과 승인과정
   (4)높은 영향력의 지식을 갖지 못하고 맹신하는 과정
   (5)고급한 권력에 대한 신앙, 악에 대해 미신과 공포를
      가지며 선을 경배하는 과정(종교가 싹트는 시기)
   (6)진정한 현실에 대한 초보적 인식과정, 지식에 입각한
      발달의 단계 연구, 영에 관한 초보적 인식과 이용과정
      (영적치료나 텔레파시)
   (7)지식과 영지의 초보적 발달과정
3. 지성적 인생
   (1)지성의 고도한 발달, 고도의 기술, 영적 초보지식에
      입각한 제2단계의 이용, 원시적 성생활에 의한 생명의
      생산과정
   (2)지식, 진리, 영지의 깊은 이해와 응용과정
      (신앙 생활이 서서히 붕괴되는 과정)
   (3)지식과 영지의 최초의 실용화 과정 〈(2),(3)은 교양있는
      지구인 예컨대 과학자 등의 현 단계〉
   (4)자연법칙의 승인과 실용화, 초기술의 발달, 인간에 의한

인공적 생명의 생산과정(안드로이드, 기계인간, 로봇트)

(5)영적인식에 입각한 지식과 영지에 대한 자연의 응용

　(종교의 고도한 붕괴과정)

(6)영지, 진리, 논리에 입각한 생활과정

(7)진정한 절대적인 현실에 대한 초보적 인식과정

　(극한의 영을 파악하는 소수의 지구인 과학자 단계)

4. 실재의 인생(7단계)

5. 창조적 인생

　(1)생명의 생산과 제어과정

　(2)기계적 생명의 제작과정

　(3)물질적 유기적 생명에 대한 영력에 의한 지배의

　　발달과정

　(4)모든 종(種)과 생명의 형태에 대한 의지에 의한

　　지배과정

　(5)인식의 단계, 과거세(전생)의 추상과정

　(6)영지의 왕인 야훼, 최종단계에서 두번째의 최고의 힘에

　　관한 지식과정

　(7)영적 평화, 보편적인 사랑, 창조의 조화에 대한 인식

　　* 셈야제같은 우주인은 현재 (5), (6), (7) 단계에 있음.

6. 영적인생(7단계)

7. 창조안에서의 인생(7단계)

필자 후기

이 책을 탈고하면서 하늘에 기도를 올렸습니다.

지구촌인 이땅에 사는 모든 사람들이 다가오는 섭리를 깨닫게 해달라고 간절히 기도했습니다. 저 역시 지금까지 특별히 모범적이거나 성실한 삶을 산 것은 아닙니다. 그러나 선도수련(仙道修練)을 통하여 하늘의 진리에 눈을 떴고, 앞으로는 세상 모든 사람들의 가슴에 순수의식과 인류애의 불을 지피는 일에 전념할 것입니다.

저에게는 글을 쓰는 작업 자체가 두렵고 부담스러운 일이었습니다. 이 책이 세상에 나감으로 인해 돌아올 파장이 걱정되기도 했습니다. 그래서 오랫동안 망설였고 차라리 개인수련만 하면서 다가오는 시대를 기다릴까를 생각해 보기도 했습니다.

그러나 하늘은 그러한 저를 엄히 꾸짖었습니다.

1995년 9월 23일 차를 몰고 가다 빗길에 미끄러져 굴다리에 충돌한 적이 있었습니다. 핸들이 부러지고 수리가 불가능할 정도로 차가 망가져서 폐차를 해야할 만큼 큰 사고였습니다. 사건처리 담당 경찰관에 의하면 그 장소에서 똑같은 사고가 세번이나 있었는데, 두번은 죽고 한번은 중상을 입었다고 했습니다. 그러나 저는 신기하게도 아무 이상이 없었습니다. 제 옆에 동승했던 사람이 8주 진단이 나오긴 했지만요.

사고가 나는 순간 모든 것이 끝났다고 생각했습니다. 그 이후 저에겐 알 수 없는 용기가 생겼습니다. 민족과 인류를 위해 할 수 있는 모든 것을 하기로 말입니다. 그래서 서둘러서 글을 쓰는 작업에 들어갔고, 그렇게 해서 이 책은 나오게 되었습니다.

머리말에 감히 「이 책을 21세기의 성경이라고 주저없이 애기하고 싶다.」고 썼는데 다시 한번 똑같은 말을 적고 싶습니다.

지금은 힘의 시대입니다. 따라서 아무리 좋은 진리라도 힘과 영향력이 뒷받침 되지 않으면 혼자의 소리로 끝납니다. 언론과 매스컴에 많은 실망을 했지만 다시 한번 기대를 걸어봅니다.

이 책에서 원하는 바를 언론과 매체에서 이끌어 주시기를 말입니다. 그것은 가장 큰 영향력을 갖고있기 때문입니다.

이 책을 마무리 짓고 나서야 진정으로 세상에 태어난 보람을 느꼈고 하늘과 땅을 떳떳하게 대할 수가 있었습니다. 여기에 대한 평가는 하늘에서 해주시리라고 믿습니다. 민심이 천심이기 때문입니다.

석정선생은 「석정(石井) 기(氣) 연구소」를 통하여 지기감별(地氣鑑別)로 인간의 쾌적한 생활환경 창조에 주력하고 있다.

· 석정 지기감별비법

수행을 통하여 뇌의 특수한 세포와 감각이 개발되어 우주의 수많은 별에서 오는 미세한 에너지를 감지할 수 있게 됨으로써 불과 1미터 차이로도 변화가 가능한 지기감별 능력을 터득했다.

지기(地氣)의 등급은 크게 5단계로 나누며 각 단계는 다시 두가지씩으로 나뉘어진다. 먼저 A급 중 가장 위인 A+는 은하계의 최고급 에너지로 자미원(紫薇垣)에서 오는 기운이다. 그리고 A는 풍수상 명당으로 일컬어지는 혈자리에 해당한다. 이런 A급의 기운이 있는 곳에서는 황홀함을 경험하게 된다.

B급의 경우는 생기가 강하게 형성되어 있어 기분이 좋고 발복이 가능하다. A와 B급의 두 지역은 기(氣) 수련자의 경우 저절로 축기(蓄氣)가 가능해질 정도로 좋은 지역이며, 상가나 건물, 연수원, 관공서 등이 들어서기 좋은 자리이다.

C급은 생기는 형성되어 있으나 기운이 안정되지 못하여 날뛰는 형국이므로 정서적으로 불안해지는 곳이다. 따라서 원하는 바가 이루어지기도 하지만 손실도 큰 지역이다.

D급은 지기(地氣)가 쇠하여 기운이 빠져나가는 형국이라 사업가의 경우 심한 고전이 예상되며, 이런 곳에서 살면 건강이 나빠지고 모든 일이 잘 안풀린다.

　마지막으로 E급은 흉가의 수준이라고 할 만큼 기운이 저급한 곳으로 원혼이 떠도는 경우가 많다. 이런 곳에서는 정신질환이나 중풍 등 이유없는 질병으로 고생하게 되며, 나쁜 일이 끊임없이 일어난다.

　위와 같은 기준에 의하여 감정한 지기(地氣)는 우주의 안에서 존재하는 고급 에너지를 받아들일 수 있는 장치를 함으로써 지기(地氣)를 순화시키고 쾌적한 환경을 창조할 수 있게 된다.

쉽게 푼 역학(개정판)
쉽게 배워 적용할 수 있는 생활역학서!

이 책에서는 좀더 많은 사람들이 역학의 근본인 우주의 오묘한 진리와 법칙을 깨달아 보다 나은 삶을 영위하는데 도움이 될 수 있도록 가장 쉬운 언어와 가장 쉬운 방법으로 풀이했다. 역학계의 대가 김봉준 선생의 역작이다.

신비한 동양철학 71 | 백우 김봉준 저 | 568면 | 30,000원 | 신국판

사주명리학 핵심
맥을 잡아야 모든 것이 보인다

이 책은 잡다한 설명을 배제하고 명리학자에게 도움이 될 비법들만을 모아 엮었기 때문에 초심자가 이해하기에는 다소 어려운 부분도 있겠지만 기초를 튼튼히 한 다음 정독한다면 충분히 이해할 것이다. 신살만 늘어놓으며 감정하는 사이비가 되지말기를 바란다.

신비한 동양철학 19 | 도관 박흥식 저 | 502면 | 20,000원 | 신국판

물상활용비법
물상을 활용하여 오행의 흐름을 파악한다

이 책은 물상을 통하여 오행의 흐름을 파악하고 운명을 감정하는 방법을 연구한 책이다. 추명학의 해법을 연구하고 운명을 추리하여 오행에서 분류되는 물질의 운명 줄거리를 물상의 기물로 나들이 하는 활용법을 주제로 했다. 팔자풀이 및 운명해설에 관한 명리감정법의 체계를 세우는데 목적을 두고 초점을 맞추었다.

신비한 동양철학 31 | 해주 이학성 저 | 446면 | 34,000원 | 신국판

신수대전
흉함을 피하고 길함을 부르는 방법

신수는 대부분 주역과 사주추명학에 근거한다. 수많은 학설 중 몇 가지를 보면 사주명리, 자미두수, 관상, 점성학, 구성학, 육효, 토정비결, 매화역수, 대정수, 초씨역림, 황극책수, 하락리수, 범위수, 월영도, 현무발서, 철판신수, 육임신과, 기문둔갑, 태을신수 등이다. 역학에 정통한 고사가 아니면 추단하기 어려우므로 누구나 신수를 볼 수 있도록 몇 가지를 정리했다.

신비한 동양철학 62 | 도관 박흥식 편저 | 528면 | 36,000원 | 신국판 양장

정법사주
운명판단의 첩경을 이루는 책

이 책은 사주추명학을 연구하고자 하는 분들에게 심오한 주역의 이해를 돕고자 하는 의도에서 시작되었다. 음양오행의 상생상극에서부터 육친법과 신살법을 기초로 하여 격국과 용신 그리고 유년판단법을 활용하여 운명판단에 첩경이 될 수 있도록 했고 추리응용과 운명감정의 실례를 하나하나 들어가면서 독학과 강의용 겸용으로 엮었다.

신비한 동양철학 49 | 원각 김구현 저 | 424면 | 26,000원 | 신국판 양장

내가 보고 내가 바꾸는 DIY사주
내가 보고 내가 바꾸는 사주비결

기존의 책들과는 달리 한 사람의 사주를 체계적으로 도표화시켜 한 눈에 파악할 수 있고, DIY라는 책 제목에서 말하듯이 개운하는 방법을 제시한다. 초심자는 물론 전문가도 자신의 이론을 새롭게 재조명해 볼 수 있는 케이스 스터디 북이다.

신비한 동양철학 39 | 석오 전광 저 | 338면 | 16,000원 | 신국판

인터뷰 사주학
쉽고 재미있는 인터뷰 사주학

얼마전만 해도 사주학을 취급하면 미신을 다루는 부류로 취급되었다. 그러나 지금은 하루가 다르게 이 학문을 공부하는 사람들이 폭증하고 있는 것으로 보인다. 젊은 층에서 사주카페니 사주방이니 사주동아리니 하는 것들이 만들어지고 그 모임이 활발하게 움직이고 있다는 점이 그것을 증명해준다. 그뿐 아니라 대학원에는 역학교수들이 점차로 증가하고 있다.

신비한 동양철학 70 | 글갈 정대엽 편저 | 426면 | 16,000원 | 신국판

사주특강
자평진전과 적천수의 재해석
이 책은 『자평진전』과 『적천수』를 근간으로 명리학의 폭넓은 가치를 인식하고, 실전에서 유용한 기반을 다지는데 중점을 두고 썼다. 일찍이 『자평진전』을 교과서로 삼고, 『적천수』로 보완하라는 서낙오의 말에 깊이 공감한다.
신비한 동양철학 68 │ 청월 박상의 편저 │ 440면 │ 25,000원 │ 신국판

참역학은 이렇게 쉬운 것이다
음양오행의 이론으로 이루어진 참역학서
수학공식이 아무리 어렵다고 해도 1, 2, 3, 4, 5, 6, 7, 8, 9, 0의 10개의 숫자로 이루어졌듯이 사주도 음양과 오행으로 이루어졌을 뿐이다. 그러니 용신과 격국이라는 무거운 짐을 벗어버리고 음양오행의 법칙과 진리만 정확하게 파악하면 된다. 사주는 음양오행의 변화일 뿐이고 용신과 격국은 사주를 감정하는 한 가지 방법에 지나지 않는다.
신비한 동양철학 24 │ 청암 박재현 저 │ 328면 │ 16,000원 │ 신국판

사주에 모든 길이 있다
사주를 알면 운명이 보인다!
사주를 간명하는데 조금이라도 도움이 됐으면 하는 바람에서 이 책을 썼다. 간명의 근간인 오행의 왕쇠강약을 세분하고, 대운과 세운, 세운과 월운의 연관성과, 십신과 여러 살이 미치는 암시와, 십이운성으로 세운을 판단하는 법을 설명했다.
신비한 동양철학 65 │ 정담 선사 편저 │ 294면 │ 26,000원 │ 신국판 양장

왕초보 내 사주
초보 입문용 역학서
이 책은 역학을 너무 어렵게 생각하는 초보자들에게 조금이나마 도움을 주고자 쉽게 엮으려고 노력했다. 이 책을 숙지한 후 역학(易學)의 5대 원서인 『적천수(滴天髓)』, 『궁통보감(窮通寶鑑)』, 『명리정종(命理正宗)』, 『연해자평(淵海子平)』, 『삼명통회(三命通會)』에 접근한다면 훨씬 쉽게 터득할 수 있을 것이다. 이 책들은 저자가 이미 편역하여 삼한출판사에서 출간한 것도 있고, 앞으로 모두 갖출 것이니 많이 활용하기 바란다.
신비한 동양철학 84 │ 역산 김찬동 편저 │ 278면 │ 19,000원 │ 신국판

명리학연구
체계적인 명확한 이론
이 책은 명리학 연구에 핵심적인 내용만을 모아 하나의 독립된 장을 만들었다. 명리학은 분야가 넓어 공부를 하다보면 주변에 머무르는 경우가 많아, 주요 내용을 잃고 헤매는 경우가 많다. 그러므로 뼈대를 잡는 것이 중요한데, 여기서는 「17장. 명리대요」에 핵심 내용만을 모아 학문의 체계를 잡는데 용이하게 하였다.
신비한 동양철학 59 │ 권중주 저 │ 562면 │ 29,000원 │ 신국판 양장

말하는 역학
신수를 묻는 사람 앞에서 술술 말문이 열린다
그토록 어렵다는 사주통변술을 쉽고 흥미롭게 고담과 덕담을 곁들여 사실적으로 생동감 있게 통변했다. 길흉을 어떻게 표현하느냐에 따라 상담자의 정곡을 찔러 핵심을 끌어내 정답을 내리는 것이 통변술이다.역학계의 대가 김봉준 선생의 역작.
신비한 동양철학 11 │ 백우 김봉준 저 │ 576면 │ 26,000원 │ 신국판 양장

통변술해법
가닥가닥 풀어내는 역학의 비법
이 책은 역학과 상대에 대해 머리로는 다 알면서도 밖으로 표출되지 않아 어려움을 겪는 사람들을 위한 실습서다. 특히 실명감정과 이론강의로 나누어 역학의 진리를 설명하여 초보자도 쉽게 이해할 수 있다. 역학계의 대가 김봉준 선생의 역서인 「알기쉬운 해설·말하는 역학」이 나온 후 후편을 써달라는 열화같은 요구에 못이겨 내놓은 바로 그 책이다.
신비한 동양철학 21 │ 백우 김봉준 저 │ 392면 │ 26,000원 │ 신국판

술술 읽다보면 통달하는 사주학
술술 읽다보면 나도 어느새 도사

당신은 당신 마음대로 모든 일이 이루어지던가. 지금까지 누구의 명령을 받지 않고 내 맘대로 살아왔다고, 운명 따위는 믿지 않는다고, 운명에 매달리지 않는다고 말하는 사람들이 많다. 그러나 우주법칙을 모르기 때문에 하는 소리다.

신비한 동양철학 28 | 조철현 저 | 368면 | 16,000원 | 신국판

사주학
5대 원서의 핵심과 실용

이 책은 사주학을 체계적으로 공부하려는 학도들을 위해서 꼭 알아두어야 할 내용들과 용어들을 수록하는데 중점을 두었다. 이 학문을 공부하려고 많은 사람들이 필자를 찾아왔을 깨 여러 가지 질문을 던져보면 거의 기초지식이 시원치 않음을 보았다. 따라서 용어를 포함한 제반지식을 골고루 습득해야 빠른 시일 내에 소기의 목적을 달성할 수 있을 것이다.

신비한 동양철학 66 | 글갈 정대엽 저 | 778면 | 46,000원 | 신국판 양장

명인재
신기한 사주판단 비법

이 책은 오행보다는 주로 살을 이용하는 비법을 담았다. 시중에 나온 책들을 보면 살에 대해 설명은 많이 하면서도 실제 응용에서는 무시하고 있다. 이것은 살을 알면서도 응용할 줄 모르기 때문이다. 그러나 이 책에서는 살의 활용방법을 완전히 터득해, 어떤 살과 어떤 살이 합하면 어떻게 작용하는지를 자세하게 설명하였다.

신비한 동양철학 43 | 원공선사 저 | 332면 | 19,000원 | 신국판 양장

명리학 | 재미있는 우리사주
사주 세우는 방법부터 용어해설 까지!!

몇 년 전 『사주에 모든 길이 있다』가 나온 후 선배 제현들께서 알찬 내용의 책다운 책을 접했다는 찬사를 받았다. 그러나 사주의 작성법을 설명하지 않아 독자들에게 많은 질타를 받고 뒤늦게 이 책 을 출판하기로 결심했다. 이 책은 한글만 알면 누구나 역학과 가까워질 수 있도록 사주 세우는 방법부터 실제간명, 용어해설에 이르기까지 분야별로 엮었다.

신비한 동양철학 74 | 정담 선사 편저 | 368면 | 19,000원 | 신국판

사주비기
역학으로 보는 역대 대통령들이 나오는 이치!!

이 책에서는 고서의 이론을 근간으로 하여 근대의 사주들을 임상하여, 적중도에 의구심이 가는 이론들은 과감하게 탈피하고 통용될 수 있는 이론만을 수용했다. 따라서 기존 역학서의 아쉬운 부분들을 충족시키며 일반인도 열정만 있으면 누구나 자신의 운명을 감정하고 피흉취길할 수 있는 생활지침서로 활용할 수 있을 것이다.

신비한 동양철학 79 | 청월 박상의 편저 | 456면 | 19,000원 | 신국판

사주학의 활용법
가장 실질적인 역학서

우리가 생소한 지방을 여행할 때 제대로 된 지도가 있다면 편리하고 큰 도움이 되듯이 역학이란 이와같은 인생의 길잡이다. 예측불허의 인생을 살아가는데 올바른 안내자나 그 무엇이 있다면 그 이상 마음 든든하고 큰 재산은 없을 것이다.

신비한 동양철학 17 | 학선 류래웅 저 | 358면 | 15,000원 | 신국판

명리실무
명리학의 총 정리서

명리학(命理學)은 오랜 세월 많은 철인(哲人)들에 의하여 전승 발전되어 왔고, 지금도 수많은 사람이 임상과 연구에 임하고 있으며, 몇몇 대학에 학과도 개설되어 체계적인 교육을 하고 있다. 그러나 아직도 실무에서 활용할 수 있는 책이 부족한 상황이기 때문에 나름대로 현장에서 필요한 이론들을 정리해 보았다. 초학자는 물론 역학계에 종사하는 사람들에게 큰 도움이 될 것이라고 믿는다.

신비한 동양철학 94 | 박흥식 편저 | 920면 | 39,000원 | 신국판

사주 속으로
역학서의 고전들로 입증하며 쉽고 자세하게 푼 책

십 년 동안 역학계에 종사하면서 나름대로는 실전과 이론에서 최선을 다했다고 자부한다. 역학원의 비좁은 공간에서도 항상 후학을 생각하는 마음으로 역학에 대한 배움의 장을 마련하고자 노력한 것도 사실이다. 이 책을 역학으로 이름을 알리고 역학으로 생활하면서 조금이나마 역학계에 이바지할 것이 없을까라는 고민의 산물이라 생각해주기 바란다.

신비한 동양철학 95 | 김상회 편저 | 429면 | 15,000원 | 신국판

사주학의 방정식
알기 쉽게 풀어놓은 가장 실질적인 역서

이 책은 종전의 어려웠던 사주풀이의 응용과 한문을 쉬운 방법으로 터득하는데 목적을 두었고, 역학이 무엇인가를 알리고자 하는데 있다. 세인들은 역학자를 남의 운명이나 풀이하는 점쟁이로 알지만 잘못된 생각이다. 역학은 우주의 근본이며 기의 학문이기 때문에 역학을 이해하지 못하고서는 우리 인생살이 또한 정확하게 해석할 수 없는 고차원의 학문이다.

신비한 동양철학 18 | 김용오 저 | 192면 | 16,000원 | 신국판

오행상극설과 진화론
인간과 인생을 떠난 천리란 있을 수 없다

과학이 현대를 설정하여 설명하고 있으나 원리는 동양철학에도 있기에 그 양면을 밝히고자 노력했다. 우주에서 일어나는 모든 일을 과학으로 설명될 수는 없다. 비과학적이라고 하기보다는 과학이 따라오지 못한다고 설명하는 것이 더 솔직하고 옳은 표현일 것이다. 특히 과학분야에 종사하는 신의사가 저술했다는데 더 큰 화제가 되고 있다.

신비한 동양철학 5 | 김태진 저 | 222면 | 15,000원 | 신국판

스스로 공부하게 하는 방법과 천부적 적성
내 아이를 성공시키고 싶은 부모들에게

자녀를 성공시키고 싶은 마음은 누구나 같겠지만 가난한 집 아이가 좋은 성적을 내기는 매우 어렵고, 원하는 학교에 들어가기도 어렵다. 그러나 실망하기에는 아직 이르다. 내 아이가 훌륭하게 성장해 아름답고 멋진 삶을 살아가는 방법을 소개한다.

신비한 동양철학 85 | 청암 박재현 지음 | 176면 | 14,000원 | 신국판

진짜부적 가짜부적
부적의 실체와 정확한 제작방법

인쇄부적에서 가짜부적에 이르기까지 많게는 몇백만원에 팔리고 있다는 보도를 종종 듣는다. 그러나 부적은 정확한 제작방법에 따라 자신의 용도에 맞게 스스로 만들어 사용하면 훨씬 더 좋은 효과를 얻을 수 있다. 이 책은 중국에서 정통부적을 연구한 국내유일의 동양오술학자가 밝힌 부적의 실체와 정확한 제작방법을 소개하고 있다.

신비한 동양철학 7 | 오상익 저 | 322면 | 20,000원 | 신국판

수명비결
주민등록번호 13자로 숙명의 정체를 밝힌다

우리는 지금 무수히 많은 숫자의 거미줄에 매달려 허우적거리며 살아가고 있다. 1분 ·1초가 생사를 가름하고, 1등·2등이 인생을 좌우하며, 1급·2급이 신분을 구분하는 세상이다. 이 책은 수명리학으로 13자의 주민등록번호로 명예, 재산, 건강, 수명, 애정, 자녀운 등을 미리 읽어본다.

신비한 동양철학 14 | 장충한 저 | 308면 | 15,000원 | 신국판

진짜궁합 가짜궁합
남녀궁합의 새로운 충격

중국에서 연구한 국내유일의 동양오술학자가 우리나라 역술가들의 궁합법이 잘못되었다는 것을 학술적으로 분석·비평하고, 전적과 사례연구를 통하여 궁합의 실체와 타당성을 분석했다. 합리적인 「자미두수궁합법」과 「남녀궁합」 및 출생시간을 몰라 궁합을 못보는 사람들을 위하여 「지문으로 보는 궁합법」 등을 공개하고 있다.

신비한 동양철학 8 | 오상익 저 | 414면 | 15,000원 | 신국판

주역육효 해설방법(상·하)
한 번만 읽으면 주역을 활용할 수 있는 책
이 책은 주역을 해설한 것으로, 될 수 있는 한 여러 가지 사설을 덧붙이지 않고, 주역을 공부하고 활용하는데 필요한 요건만을 기록했다. 따라서 주역의 근원이나 하도낙서, 음양오행에 대해서도 많은 설명을 자제했다. 다만 누구나 이 책을 한 번 읽어서 주역을 이해하고 활용할 수 있도록 하는데 중점을 두었다.
신비한 동양철학 38 | 원공선사 저 | 상 810면·하 798면 | 각 29,000원 | 신국판

쉽게 푼 주역
귀신도 탄복한다는 주역을 쉽고 재미있게 풀어놓은 책
주역이라는 말 한마디면 귀신도 기겁을 하고 놀라 자빠진다는데, 운수와 일진이 문제가 될까. 8×8=64괘라는 주역을 한 괘에 23개씩의 회답으로 해설하여 1472괘의 신비한 해답을 수록했다. 당신이 당면한 문제라면 무엇이든 해결할 수 있는 열쇠가 이 한 권의 책 속에 있다.
신비한 동양철학 10 | 정도명 저 | 284면 | 16,000원 | 신국판

나침반 | 어디로 갈까요
주역의 기본원리를 통달할 수 있는 책
이 책에서는 기본괘와 변화와 기본괘가 어떤 괘로 변했을 경우 일어날 수 있는 내용들을 설명하여 주역의 변화에 대한 이해를 돕는데 주력하였다. 그러나 그런 내용을 구분할 수 있는 방법을 전부 다 설명할 수는 없기에 뒷장에 간단하게설명하였고, 다른 책들과 설명의 차이점도 기록하였으니 참작하여 본다면 조금이나마 도움이 될 것이다.
신비한 동양철학 67 | 원공선사 편저 | 800면 | 39,000원 | 신국판

완성 주역비결 | 주역 토정비결
반쪽으로 전해오는 토정비결을 완전하게 해설
지금 시중에 나와 있는 토정비결에 대한 책들은 옛날부터 내려오는 완전한 비결이 아니라 반쪽의 책이다. 그러나 반쪽이라고 말하는 사람은 없다. 그것은 주역의 원리를 모르기 때문이다. 그래서 늦은 감이 없지 않으나 앞으로 수많은 세월을 생각해서 완전한 해설판을 내놓기로 했다.
신비한 동양철학 92 | 원공선사 편저 | 396면 | 16,000원 | 신국판

육효대전
정확한 해설과 다양한 활용법
동양고전 중에서도 가장 대표적인 것이 주역이다. 주역은 옛사람들이 자연을 거울삼아 생활을 영위해 나가는 처세에 관한 지혜를 무한히 내포하고, 피흉추길하는 얼과 슬기가 함축된 점서인 동시에 수양·과학서요 철학·종교서라고 할 수 있다.
신비한 동양철학 37 | 도관 박흥식 편저 | 608면 | 26,000원 | 신국판

육효점 정론
육효학의 정수
이 책은 주역의 원전소개와 상수역법의 꽃으로 발전한 경방학을 같이 실어 독자들의 호기심을 충족시키는데 중점을 두었습니다. 주역의 원전으로 인화의 처세술을 터득하고, 어떤 사안의 답은 육효법을 탐독하여 찾으시기 바랍니다.
신비한 동양철학 80 | 효명 최인영 편역 | 396면 | 29,000원 | 신국판

육효학 총론
육효학의 핵심만을 정확하고 알기 쉽게 정리
육효는 갑자기 문제가 생겨 난감한 경우에 명쾌한 답을 찾을 수 있는 학문이다. 그러나 시중에 나와 있는 책들이 대부분 원서를 그대로 번역해 놓은 것이라 전문가인 필자가 보기에도 지루하며 어렵다는 느낌이 들었다. 그래서 보다 쉽게 공부할 수 있도록 이 책을 출간하게 되었다.
신비한 동양철학 89 | 김도희 편저 | 174쪽 | 26,000원 | 신국판

기문둔갑 비급대성
기문의 정수
기문둔갑은 천문지리·인사명리·법술병법 등에 영험한 술수로 예로부터 은밀하게 특권층에만 전승되었다. 그러나 아쉽게도 기문을 공부하려는 이들에게 도움이 될만한 책이 거의 없다. 필자는 이 점이 안타까워 천견박식함을 돌아보지 않고 감히 책을 내게 되었다. 한 권에 기문학을 다 표현할 수는 없지만 이 책을 사다리 삼아 저 높은 경지로 올라간다면 제갈공명과 같은 지혜를 발휘할 수 있을 것이다.
신비한 동양철학 86 ｜ 도관 박흥식 편저 ｜ 725면 ｜ 39,000원 ｜ 신국판

기문둔갑옥경
가장 권위있고 우수한 학문
우리나라의 기문역사는 장구하나 상세한 문헌은 전무한 상태라 이 책을 발간하였다. 기문둔갑은 천문지리는 물론 인사명리 등 제반사에 관한 길흉을 판단함에 있어서 가장 우수한 학문이며 병법과 법술방면으로도 특징과 장점이 있다. 초학자는 포국편을 열심히 익혀 설국을 자유자재로 할 수 있도록 하고, 개인의 이익보다는 보국안민에 일조하기 바란다.
신비한 동양철학 32 ｜ 도관 박흥식 저 ｜ 674면 ｜ 46,000원 ｜ 사륙배판

오늘의 토정비결
일년 신수와 죽느냐 사느냐를 알려주는 예언서
역산비결은 일년신수를 보는 역학서이다. 당년의 신수만 본다는 것은 토정비결과 비슷하나 토정비결은 토정 선생께서 사람들에게 용기와 희망을 주기 위함이 목적이어서 다소 허황되고 과장된 부분이 많다. 그러나 역산비결은 재미로 보는 신수가 아니라, 죽느냐 사느냐를 알려주는 예언서이이니 재미로 보는 토정비결과는 차원이 다르다.
신비한 동양철학 72 ｜ 역산 김찬동 편저 ｜ 304면 ｜ 16,000원 ｜ 신국판

國運 ｜ 나라의 운세
역으로 풀어본 우리나라의 운명과 방향
아무리 서구사상의 파고가 높다하기로 오천 년을 한결같이 가꾸며 살아온 백두의 혼이 와르르 무너지는 지경에 왔어도 누구하나 입을 열어 말하는 사람이 없으니 답답하다. 불확실한 내일에 대한 해답을 이 책은 명쾌하게 제시하고 있다.
신비한 동양철학 22 ｜ 백우 김봉준 저 ｜ 290면 ｜ 16,000원 ｜ 신국판

남사고의 마지막 예언
이 책으로 격암유록에 대한 논란이 끝나기 바란다
감히 이 책을 21세기의 성경이라고 말한다. 〈격암유록〉은 섭리가 우리민족에게 준 위대한 복음서이며, 선물이며, 꿈이며, 인류의 희망이다. 이 책에서는 〈격암유록〉이 전하고자 하는 바를 주제별로 정리하여 문답식으로 풀어갔다. 이 책으로 〈격암유록〉에 대한 논란은 끝나기 바란다.
신비한 동양철학 29 ｜ 석정 박순용 저 ｜ 276면 ｜ 19,000원 ｜ 신국판

원토정비결
반쪽으로만 전해오는 토정비결의 완전한 해설판
지금 시중에 나와 있는 토정비결에 대한 책들을 보면 옛날부터 내려오는 완전한 비결이 아니라 반면의 책이다. 그러나 반면이라고 말하는 사람이 없다. 그것은 주역의 원리를 모르기 때문이다. 따라서 늦은 감이 없지 않으나 앞으로의 수많은 세월을 생각하면서 완전한 해설본을 내놓았다.
신비한 동양철학 53 ｜ 원공선사 저 ｜ 396면 ｜ 24,000원 ｜ 신국판 양장

나의 천운 ｜ 운세찾기
몽골정통 토정비결
이 책은 역학계의 대가 김봉준 선생이 몽공토정비결을 우리의 인습과 체질에 맞게 엮은 것이다. 운의 흐름을 알리고자 호운과 쇠운을 강조하고, 현재의 나를 조명하고 판단할 수 있도록 했다. 모쪼록 생활서나 안내서로 활용하기 바란다.
신비한 동양철학 12 ｜ 백우 김봉준 저 ｜ 308면 ｜ 11,000원 ｜ 신국판

역점 | 우리나라 전통 행운찾기
쉽게 쓴 64괘 역점 보는 법

주역이 점치는 책에만 불과했다면 벌써 그 존재가 없어졌을 것이다. 그러나 오랫동안 많은 학자가 연구를 계속해왔고, 그 속에서 자연과학과 형이상학적인 우주론과 인생론을 밝혀, 정치·경제·사회 등 여러 방면에서 인간의 생활에 응용해왔고, 삶의 지침서로써 그 역할을 했다. 이 책은 한 번만 읽으면 누구나 역점가가 될 수 있으니 생활에 도움이 되길 바란다.

신비한 동양철학 57 | 문명상 편저 | 382면 | 26,000원 | 신국판 양장

이렇게 하면 좋은 운이 온다
한 가정에 한 권씩 놓아두고 볼만한 책

좋은 운을 부르는 방법은 방위·색상·수리·년운·월운·날짜·시간·궁합·이름·직업·물건·보석·맛·과일·기운·마을·가축·성격 등을 정확하게 파악하여 자신에게 길한 것은 취하고 흉한 것은 피하면 된다. 이 책의 저자는 신학대학을 졸업하고 역학계에 입문했다는 특별한 이력을 갖고 있기 때문에 더 많은 화제가 되고 있다.

신비한 동양철학 27 | 역산 김찬동 저 | 434면 | 16,000원 | 신국판

운을 잡으세요 | 改運秘法
염력강화로 삶의 문제를 해결한다!

행복과 불행은 누가 주는 것이 아니라 자기 자신이 만든다고 할 수 있다. 한 마디로 말해 의지의 힘, 즉 염력이 운명을 바꾸는 것이다. 이 책에서는 이러한 염력을 강화시켜 삶에서 일어나는 문제를 해결하는 방법을 알려준다. 누구나 가벼운 마음으로 읽고 실천한다면 반드시 목적을 이룰 수 있을 것이다.

신비한 동양철학 76 | 역산 김찬동 편저 | 272면 | 10,000원 | 신국판

복을 부르는방법
나쁜 운을 좋은 운으로 바꾸는 비결

개운하는 방법은 여러 가지가 있으나, 이 책의 비법은 축원문을 독송하는 것이다. 독송이란 소리내 읽는다는 뜻이다. 사람의 말에는 기운이 있는데, 이 기운은 자신에게 돌아온다. 좋은 말을 하면 좋은 기운이 돌아오고, 나쁜 말을 하면 나쁜 기운이 돌아온다. 이 책은 누구나 어디서나 쉽게 비용을 들이지 않고 좋은 운을 부를 수 있는 방법을 실었다.

신비한 동양철학 69 | 역산 김찬동 편저 | 194면 | 11,000원 | 신국판

천직 | 사주팔자로 찾은 나의 직업
천직을 찾으면 역경없이 탄탄하게 성공할 수 있다

잘 되겠지 하는 막연한 생각으로 의욕만 갖고 도전하는 것과 나에게 맞는 직종은 무엇이고 때는 언제인가를 알고 도전하는 것은 근본적으로 다르고, 결과도 다르다. 만일 의욕만으로 팔자에도 없는 사업을 시작했다고 하자, 결과는 불을 보듯 뻔하다. 그러므로 이런 때일수록 침착과 냉정을 찾아 내 그릇부터 알고, 생활에 대처하는 지혜로움을 발휘해야 한다.

신비한 동양철학 34 | 백우 김봉준 저 | 376면 | 19,000원 | 신국판

운세십진법 | 本大路
운명을 알고 대처하는 것은 현대인의 지혜다

타고난 운명은 분명히 있다. 그러니 자신의 운명을 알고 대처한다면 비록 운명을 바꿀 수는 없지만 향상시킬 수 있다. 이것이 사주학을 알아야 하는 이유다. 이 책에서는 자신이 타고난 숙명과 앞으로 펼쳐질 운명행로를 찾을 수 있도록 운명의 기초를 초연하게 설명하고 있다.

신비한 동양철학 1 | 백우 김봉준 저 | 364면 | 16,000원 | 신국판

성명학 | 바로 이 이름
사주의 운기와 조화를 고려한 이름짓기

사람은 누구나 타고난 운명이 있다. 숙명인 사주팔자는 선천운이고, 성명은 후천운이 되는 것으로 이름을 지을 때는 타고난 운기와의 조화를 고려해야 한다. 따라서 역학에 대한 깊은 이해가 선행함은 지극히 당연하다. 부연하면 작명의 근본은 타고난 사주에 운기를 종합적으로 분석하여 부족한 점을 보강하고 결점을 개선한다는 큰 뜻이 있다고 할 수 있다.

신비한 동양철학 75 | 정담 선사 편저 | 488면 | 24,000원 | 신국판

작명 백과사전
36가지 이름짓는 방법과 선후천 역상법 수록
이름은 나를 대표하는 생명체이므로 몸은 세상을 떠날지라도 영원히 남는다. 성명운의 유도력은 후천적으로 가공 인수되는 후존적 수기로써 조성 운화되는 작용력이 있다. 선천수기의 운기력이 50%이면 후천수기도의 운기력도50%이다. 이와 같이 성명운의 작용은 운로에 불가결한조건일 뿐 아니라, 선천명운의 범위에서 기능을 충분히 할 수 있다.
신비한 동양철학 81 ｜ 임삼업 편저 ｜ 송충석 감수 ｜ 730면 ｜ 36,000원 ｜ 사륙배판

작명해명
누구나 쉽게 활용할 수 있는 체계적인 작명법
일반적인 성명학으로는 알 수 없는 한자이름, 한글이름, 영문이름, 예명, 회사명, 상호, 상품명 등의 작명방법을 여러 사례를 들어 체계적으로 분석하여 누구나 쉽게 배워서 활용할 수 있도록 서술했다.
신비한 동양철학 26 ｜ 도관 박흥식 저 ｜ 518면 ｜ 19,000원 ｜ 신국판

역산성명학
이름은 제2의 자신이다
이름에는 각각 고유의 뜻과 기운이 있어 그 기운이 성격을 만들고 그 성격이 운명을 만든다. 나쁜 이름은 부르면 부를수록 불행을 부르고 좋은 이름은 부르면 부를수록 행복을 부른다. 만일 이름이 거지같다면 아무리 운세를 잘 만나도 밥을 좀더 많이 얻어 먹을 수 있을 뿐이다. 저자는 신학대학을 졸업하고 역학계에 입문한 특별한 이력으로 많은 화제가 된다.
신비한 동양철학 25 ｜ 역산 김찬동 저 ｜ 456면 ｜ 26,000원 ｜ 신국판

작명정론
이름으로 보는 역대 대통령이 나오는 이치
사주팔자가 네 기둥으로 세워진 집이라면 이름은 그 집을 대표하는 문패라고 할 수 있다. 따라서 이름을 지을 때는 사주의 격에 맞추어야 한다. 사주 그릇이 작은 사람이 원대한 뜻의 이름을 쓰면 감당하지 못할 시련을 자초하게 되고 오히려 이름값을 못할 수 있다. 즉 분수에 맞는 이름으로 작명해야 하기 때문에 사주의 올바른 분석이 필요하다.
신비한 동양철학 77 ｜ 청월 박상의 편저 ｜ 430면 ｜ 19,000원 ｜ 신국판

음파메세지 (氣)성명학
새로운 시대에 맞는 새로운 성명학
지금까지의 모든 성명학은 모순의 극치를 이룬다. 그러나 이제 새 시대에 맞는 음파메세지(氣) 성명학이 나왔으니 복을 계속 부르는 이름을 지어 사랑하는 자녀가 행복하고 아름다운 삶을 살아갈 수 있도록 하는데 도움이 되었으면 한다.
신비한 동양철학 51 ｜ 청암 박재현 저 ｜ 626면 ｜ 39,000원 ｜ 신국판 양장

아호연구
여러 가지 작호법과 실제 예 모음
필자는 오래 전부터 작명을 연구했다. 그러나 시중에 나와 있는 책에는 대부분 아호에 관해서는 전혀 언급하지 않았다. 그래서 아호에 관심이 있어도 자료를 구하지 못하는 분들을 위해 이 책을 내게 되었다. 아호를 짓는 것은 그리 대단하거나 복잡하지 않으니 이 책을 처음부터 끝까지 착실히 공부한다면 누구나 좋은 아호를 지어 쓸 수 있을 것이라고 생각한다.
신비한 동양철학 87 ｜ 임삼업 편저 ｜ 308면 ｜ 26,000원 ｜ 신국판

한글이미지 성명학
이름감정서
이 책은 본인의 이름은 물론 사랑하는 가족 그리고 가까운 친척이나 친구들의 이름까지도 좋은지 나쁜지 알아볼 수 있도록 지금까지 나와 있는 모든 성명학을 토대로 하여 썼다. 감언이설이나 협박성 감명에 흔들리지 않고 확실한 이름풀이를 볼 수 있을 것이다. 그리고 아름답고 멋진 삶을 살아갈 수 있는 이름을 짓는 방법도 상세하게 제시하였다.
신비한 동양철학 93 ｜ 청암 박재현 지음 ｜ 287면 ｜ 10,000원 ｜ 신국판

비법 작명기술
복과 성공을 함께 하려면
이 책은 성명의 발음오행이나 이름의 획수를 근간으로 하는 실제 이용이 가장 많은 기본 작명법을 서술하고, 주역의 괘상으로
풀어 길흉을 판단하는 역상법 5가지와 그외 중요한 작명법 5가지를 합하여 「보배로운 10가지 이름 짓는 방법」을 실었다. 특
히 작명비법인 선후천역상법은 성명의 원획에 의존하는 작명법과 달리 정획과 곡획을 사용해 주역 상수학을 대표하는 하락이
수를 쓰고, 육효가 들어가 응험률을 높였다.
신비한 동양철학 96 ｜ 임삼업 편저 ｜ 370면 ｜ 30,000원 ｜ 사륙배판

올바른 작명법
소중한 이름, 알고 짓자!
세상 부모들에게 가장 소중한 것이 뭐냐고 물으면 자녀라고 할 것이다. 그런데 왜 평생을 좌우할 이름을 함부로 짓는가. 이름
이 얼마나 소중한지, 이름의 오행작용이 일생을 어떻게 좌우하는지 모르기 때문이다.
신비한 동양철학 61 ｜ 이정재 저 ｜ 352면 ｜ 19,000원 ｜ 신국판

호(雅號)책
아호 짓는 방법과 역대 유명인사의 아호, 인명용 한자 수록
필자는 오래 전부터 작명연구에 열중했으나 대부분의 작명책에는 아호에 관해서는 전혀 언급하지 않고, 간혹 거론했어도 몇
줄 정도의 뜻풀이에 불과하거나 일반작명법에 준한다는 암시만 풍기며 끝을 맺었다. 따라서 필자가 참고한 문헌도 적었음을
인정한다. 아호에 관심이 있어도 자료를 구하지 못하는 현실에 착안하여 필자 나름대로 각고 끝에 본서를 펴냈다.
신비한 동양철학 97 ｜ 임삼업 편저 ｜ 390면 ｜ 20,000원 ｜ 신국판

관상오행
한국인의 특성에 맞는 관상법
좋은 관상인 것 같으나 실제로는 나쁘거나 좋은 관상이 아닌데도 잘 사는 사람이 왕왕있어 관상법 연구에 흥미를 잃는 경우
가 있다. 이것은 중국의 관상법만을 익히고 우리의 독특한 환경적인 특징을 소홀히 다루었기 때문이다. 이에 우리 한국인에게
알맞는 관상법을 연구하여 누구나 관상을 쉽게 알아보고 해석할 수 있도록 자세하게 풀어놓았다.
신비한 동양철학 20 ｜ 송파 정상기 저 ｜ 284면 ｜ 12,000원 ｜ 신국판

정본 관상과 손금
바로 알고 사람을 사귑시다
이 책은 관상과 손금은 인생을 행복하게 만든다는 관점에서 다루었다. 그야말로 관상과 손금의 혁명이라고 할 수 있다. 여러분
도 관상과 손금을 통한 예지력으로 인생의 참주인이 되기 바란다. 용기를 불어넣어 주고 행복을 찾게 하는 것이 참다운 관상
과 손금술이다. 이 책이 일상사에 고민하는 분들에게 해결방법을 제시해 줄 것이다.
신비한 동양철학 42 ｜ 지창룡 감수 ｜ 332면 ｜ 16,000원 ｜ 신국판

이런 사원이 좋습니다
사원선발 면접지침
사회가 다양해지면서 인력관리의 전문화와 인력수급이 기업주의 애로사항이 되었다. 필자는 그동안 많은 기업의 사원선발 면
접시험에 참여했는데 기업주들이 모두 면접지침에 관한 책이 있으면 좋겠다는 것이다. 그래서 경험한 사례를 참작해 이 책을
내니 좋은 사원을 선발하는데 많은 도움이 될 것이라고 믿는다.
신비한 동양철학 90 ｜ 정도명 지음 ｜ 274면 ｜ 19,000원 ｜ 신국판

핵심 관상과 손금
사람을 볼 줄 아는 안목과 지혜를 알려주는 책
오늘과 내일을 예측할 수 없을만큼 복잡하게 펼쳐지는 현실에서 살아남기 위해서는 사람을 볼줄 아는 안목과 지혜가 필요하
다. 시중에 관상학에 대한 책들이 많이 나와있지만 너무 형이상학적이라 전문가도 이해하기 어렵다. 이 책에서는 누구라도 쉽
게 보고 이해할 수 있도록 핵심만을 파악해서 설명했다.
신비한 동양철학 54 ｜ 백우 김봉준 저 ｜ 188면 ｜ 14,000원 ｜ 사륙판 양장

완벽 사주와 관상
우리의 삶과 관계 있는 사실적 관계로만 설명한 책

이 책은 우리의 삶과 관계 있는 사실적 관계로만 역을 설명하고, 역에 대한 관심과 흥미를 갖게 하고자 관상학을 추록했다. 여기에 추록된 관상학은 시중에서 흔하게 볼 수 있는 상법이 아니라 생활상법, 즉 삶의 지식과 상식을 드리고자 했다.

신비한 동양철학 55 | 김봉준·유오준 공저 | 530면 | 36,000원 | 신국판 양장

사람을 보는 지혜
관상학의 초보에서 실용까지

현자는 하늘이 준 명을 알고 있기에 부귀에 연연하지 않는다. 사람은 마음을 다스리는 심명이 있다. 마음의 명은 자신만이 소통하는 유일한 우주의 무형의 에너지이기 때문에 잠시도 잊으면 안된다. 관상학은 사람의 상으로 이런 마음을 살피는 학문이니 잘 이해하여 보다 나은 삶을 삶을 영위할 수 있도록 노력해야 한다.

신비한 동양철학 73 | 이부길 편저 | 510면 | 20,000원 | 신국판

한눈에 보는 손금
논리정연하며 바로미터적인 지침서

이 책은 수상학의 연원을 초월해서 동서합일의 이론으로 집필했다. 그야말로 논리정연한 수상학을 정리하였다. 그래서 운명적, 철학적, 동양적, 심리학적인 면을 예증과 방편에 이르기까지 상세하게 기술했다. 이 책은 수상학이라기 보다 바로미터적인 지침서 역할을 해줄 것이다. 독자 여러분의 꾸준한 연구와 더불어 인생성공의 지침서가 될 수 있을 것이다.

신비한 동양철학 52 | 정도명 저 | 432면 | 24,000원 | 신국판 양장

이런 집에 살아야 잘 풀린다
운이 트이는 좋은 집 알아보는 비결

한마디로 운이 트이는 집을 갖고 싶은 것은 모두의 꿈일 것이다. 50평이니 60평이니 하며 평수에 구애받지 않고 가족이 평온하게 생활할 수 있고 나날이 발전할 수 있는 그런 집이 있다면 얼마나 좋을까? 그런 소망에 한 걸음이라도 가까워지려면 막연하게 운만 기대하고 있어서는 안 된다. 좋은 집을 가지려면 그만한 노력이 있어야 한다.

신비한 동양철학 64 | 강현술·박홍식 감수 | 270면 | 16,000원 | 신국판

점포, 이렇게 하면 부자됩니다
부자되는 점포, 보는 방법과 만드는 방법

사업의 성공과 실패는 어떤 사업장에서 어떤 품목으로 어떤 사람들과 거래하느냐에 따라 판가름난다. 그리고 사업을 성공시키려면 반드시 몇 가지 문제를 살펴야 하는데 무작정 사업을 시작하여 실패하는 사람들이 많다. 그래서 이 책에서는 이러한 문제와 방법들을 조목조목 기술하여 누구나 성공하도록 도움을 주는데 주력하였다.

신비한 동양철학 88 | 김도희 편저 | 177면 | 26,000원 | 신국판

쉽게 푼 풍수
현장에서 활용하는 풍수지리법

산도는 매우 광범위하고, 현장에서 알아보기 힘들다. 더구나 지금은 수목이 울창해 소조산 정상에 올라가도 나무에 가려 국세를 파악하는데 애를 먹는다. 따라서 사진을 첨부하니 많은 활용하기 바란다. 물론 결록에 있고 산도가 눈에 익은 것은 혈 사진과 함께 소개하였다. 이 책을 열심히 정독하면서 답산하면 혈을 알아보고 용산도 할 수 있을 것이다.

신비한 동양철학 60 | 전항수·주장관 편저 | 378면 | 26,000원 | 신국판

음택양택
현세의 운·내세의 운

이 책에서는 음양택명당의 조건이나 기타 여러 가지를 설명하여 산 자와 죽은 자의 행복한 집을 만들 수 있도록 했다. 특히 죽은 자의 집인 음택명당은 자리를 옳게 잡으면 꾸준히 생기를 발하여 흥하나, 그렇지 않으면 큰 피해를 당하니 돈보다도 행·불행의 근원인 음양택명당에 관심을 기울여야 한다.

신비한 동양철학 63 | 전항수·주장관 지음 | 392면 | 29,000원 | 신국판